羽根田 治

山はおそろしい

必ず生きて帰る！ 事故から学ぶ山岳遭難

GS
幻冬舎新書
655

はじめに

登山中に上から人が落ちてきた。テントで就寝していたらクマに襲われた。救助にやってきたヘリが目の前で墜落した……。

山の事故というと、「石につまずいて滑落した」「道に迷って遭難した」といったケースが頭に浮かぶかもしれないが、よく聞く典型的な事故ばかり起きているわけではない。

「え、まさかこんなことが起こるなんて！」といった、予想だにしなかったアクシデントが、山では往々にして起こりうる。

本書では、山で実際に想定外の危険に遭遇した事故を取材して検証している。登山の経験が乏しい人にとっては、ちょっと怖くなってしまう話かもしれない。

なにしろ山登りの舞台となるのは、ときに人間の想像を超えて猛威を振るう自然である。

そこに人間側のさまざまな事情が交錯して、ここで取り上げたような、思いもよらぬ事故が起きることがある。これらの事故はレアケースかもしれないが、山に登る人にとっては決して〝対岸の火事〟ではなく、いつ誰に起きても不思議ではない。それも山のリアルであるということを知ってもらい、同じような事故の再発防止の一助になればと思い、本書を執筆した。

あなたは、今、国内でどれぐらいの山岳遭難事故が起きているのかご存じだろうか。

警察庁が毎年発表している統計資料「山岳遭難の概況」によると、１９９８（平成10）年に初めて１０００件を超えた遭難事故の発生件数は、２０１３（平成25）年に２０００件を突破し、近年は２５００件前後で推移している。

遭難者数も１９９０年代なかばごろから増加傾向にあり、２０１５（平成27）年以降は３０００人前後を数えるまでになっている（２０２０［令和２］年は新型コロナウイルス感染拡大の影響で、発生件数、遭難者数ともに減少した）。

そして遭難者数のうち、死者・行方不明者の数はここ10年ほどは３００人前後である。全遭難者の約1割が山で命を落としたり行方不明になったりしているのだ。この統計には、山菜・キノコ採りや渓流釣り、観光中の事故もカウントされているが、全体の約75パーセントが登山中の事故だと考えられる。

定期的に山に登っている登山者のほとんどは、趣味として、あるいはレジャーとして登山に親しんでいる人たちである。彼らは有名アルピニストのような限界ギリギリの冒険的な登山を行なっているのではなく、あくまで〝楽しむこと〟に重きを置いている。

それなのに、毎年これほど多くの人が死傷したり行方不明になったりしている現実を考えると、登山というのはなんてリスキーな趣味・レジャーなのだろうと思ってしまう。逆の見方をすれば、多少の好不調の波はあるにせよ、これほど長らく「登山ブーム」と呼ばれる現象が続いているのは、危険を差し引いてなお、人を惹きつける魅力が登山にあるからなのだともいえる。

ただ、ブームを後押しするメディアが積極的に発信してきたのは、登山の楽しさやおもしろさなどの肯定的な側面で、ネガティブな現実にはあまり触れられてこなかった。当然といえば当然の話なのだが、そのことが、山のリスクに対する啓発・周知が立ち遅れ、事故の増加傾向に歯止めがかからない一因にもなっているように思う。

もちろん、誰だって遭難したくてしているわけではないし、登山者の大半はまさか自分が遭難するとは思ってもいないだろう。

以前、山で遭難しながら九死に一生を得て、幸運にも生還を果たした人が、山中を彷徨《ほうこう》していたときのことを振り返ってこう述べていた。

「人はこうやって遭難していくんだなと思いました」

それと同じ思いを胸にしながら、生きて帰ることが叶わなかった人たちが無数にいる。

毎年公表される前年の山岳遭難の死者・行方不明者数の統計を見るたびに、その無念の思いを感じずにはいられない。

楽しく山に登っていたはずなのに、ふとした拍子に次の瞬間には死の淵に立っている。しかも、それは滅多に起こらないことではなく、誰にでも起こりうる。それが山の怖さだ。

本書のタイトルは『山はおそろしい』としたが、なにも読者を怖がらせるつもりはないし、「山は恐ろしいところだから行かないほうがいい」と言いたいわけでもない。

ここで取り上げたものも含め、山にはたくさんのリスクが潜んでおり、それらの対処を誤ると〝恐ろしい場所〟になってしまうのは事実だ。しかし、美しい自然の景観や山頂に立ったときの充実感同様、リスクとのやりとりもまた、山登りの大きな魅力のひとつだと私は思う。山のリスクとどう向き合うかはあなた次第であり、それによって山は恐ろしくもなるし、逆に楽しくもなる。

その明暗を分けるのは、山に対して畏敬の念を持っているかどうか、ではないだろうか。山をナメている人や、自然に対して傲慢な人は、遅かれ早かれ痛烈なしっぺ返しを喰う。もちろん畏敬の念があっても安全が保証されるわけではないが、少なくともリスクに対して無頓着ではいられなくなるだろう。もしかしたら、そのことが生きて帰れる人と命を落としてしまう人との差なのかもしれない。

本書を読んだ方が「やっぱり山は怖いから行かないほうがいい」と思ってしまったとしたら心外だ。

山は怖いけどおもしろそうだ——そう感じていただけたなら幸いである。

なお、登山では一般にあまり馴染みのない専門用語が少なからず使われている。執筆にあたっては、できるだけわかりやすいように配慮をしたつもりではあるが、巻末に「登山用語集」を設けたので、そちらもぜひ参照していただきたい。

山はおそろしい／目次

Ⅳ 人間が怖い 175

イラスト 内山洋見
図版・DTP 美創

＊年齢表記は事故発生当時のものです。

I 自然が怖い

槍ヶ岳落雷事故

山岳会の中高年9人で北アルプスへ

越中美津雄《こしなかみつお》（61歳）が山登りを始めたのは、山好きだった父親の影響を受けてのことだ。中学生のときに槍《やり》・穂《ほ》高連峰《たかれんぽう》の登山口となる上高地《かみこうち》から標高2300メートルの涸沢《からさわ》に連れていってもらった記憶があり、高校生のころには東京近郊の奥多摩の山々を歩くようになっていた。社会人になってからは職場の仲間と連れ立って登るようになり、25歳で結婚すると、妻と2人で行くことも増えた。

仕事が忙しかったので、そう頻繁には登れなかったが、夏山から縦走《じゅうそう》、ロッククライミング、沢登り、雪山、山スキーまで、登山のひととおりのジャンルをオールラウンドにこなした。同行者はそのときどきで、職場の仲間や妻と登ることもあれば、ひとりで行くこともあった。技術や知識は独学で習得したが、40歳を迎えるころに自分の技術がどれぐらいのレベルなのか知りたくなって、東京都内の社会人山岳会に入った。この会は一般登山よりもクライミング的な志向が強く、ここで初めてアイスクライミングを体験した。しかしほかのジャンルでは、それまで培《つちか》ってきた技術が充分通用することが確認できた。

会の活動はおもしろかったが、千葉に引っ越すことになったため、５、６年で退会した。その後は、山岳会などに請われて雪上訓練やロッククライミングなどの講師を務めながら、マイペースで山に登っていた。定年後は、ヨーロッパやネパールなど海外の山をあちこち登ったのち、地元の社会人山岳サークル、柏市山岳協会に入った。

柏市山岳協会は２００３（平成15）年の創立で、関東近郊の山や北アルプス、東北の山を中心に、四季を通してハイキングや一般登山、縦走登山などを楽しんでいる。会員数は50人ほどで、中高年層が主軸だという。

その２０１２（平成24）年の８月定例山行《さんこう》は、北アルプスの表銀座コースで実施されることになった。表銀座コースというのは、長野県安《あ》曇野《づみの》市にある中房《なかぶさ》温泉を起点として燕《つばくろ》岳から大天井《おてんしょう》岳へと縦走し、喜《き》作新道《さくしんどう》から東鎌尾根を経て槍ヶ岳へ至る登山コースのこと。「銀座」の名の由来は、東鎌尾根に喜作新道を拓《ひら》いた山案内人の小林喜作が、まるで銀座を散歩するような軽装で山を駆け歩いていたことによるというが、昔から槍ヶ岳へのメインルートとして銀座のような賑《にぎ》わいを見せていたからだという説もある。

計画では、山行期間は８月16日から19日までの前夜発２泊３日で、この表銀座コースをたどり、槍ヶ岳からは槍沢を経て上高地に下山する予定であった。メンバーは50～70代の９人（男性５人、女性４人）で、登山の経験豊かな女性がリーダーとなり、越中はサブリーダーを務めた。

16日の夜９時、９人のメンバーは柏駅に集合し、電車で竹橋駅へ出て、高速夜行バスの毎日あるぺん号で登山口の中房温泉に向かった。中房温泉に到着したのは17日の朝６時ごろ。天気は晴れで、若干雲があった。駐車場にはすでに数台のバスと自家用車が停まっていて、出発準備をする登山者で賑わっていた。９人も各自、身支度を整え、朝食をとって６時35分に行動を開始した。

中房温泉から燕岳へと続く合戦《かっせん》尾根は、標高差約１２００メートルで、剱《つるぎ》岳の早月《はやつき》尾根、烏《え》帽子《ぼし》岳のブナ立《たて》尾根とともに「北アルプス三大急登《きゅうとう》」と呼ばれている。しかし、登りの標準コースタイムは約４時間半とさほど長くなく、危険箇所もほとんどないため、北アルプスの入門コースとして人気が高い。第１ベンチ（休憩ポイント）、第２ベンチ、富士見ベンチを経て、９人が合戦小屋に着いたのが10時45分。ペースは若干遅めだった。

合戦小屋で名物のスイカを食べて喉を潤してから再び歩きはじめ、燕山荘には12時前に到着した。ここで昼食をとったのち、荷物を置いて身軽な恰好で燕岳を往復した。

燕岳の山頂までは片道30分ほどの距離だが、小屋を出てすぐ、雨がぽつぽつと落ちてきた。この日の宿泊地は、燕山荘からさらに３時間ほど先にある山小屋・大天荘《だいてんそう》。先はまだ長いので、頂上を踏んで早々に燕山荘にもどり、再びザックを背負って南へ延びる稜線をたどりはじめた。

この時点で時刻は午後1時40分。コースタイムどおりに歩いても、大天荘に着くのは夕方5時ごろになってしまいそうなので、健脚の越中がひとり先を急ぎ、一行の到着が遅くなることを小屋に知らせることにした。越中が振り返ってこう言う。

「1日目の行程がちょっと長すぎたかもしれませんね。燕岳も往復してますし」

稜線をたどっている途中から雷がゴロゴロ鳴り出し、雨も本格的に降り出した。越中は雨に濡れる前に大天荘に逃げ込めたが、ほかのメンバーが到着したのはおよそ1時間後の午後5時15分。みんな雨具を着ていたがずぶ濡れとなっており、寒さを訴える者もいた。

交通機関に夜行バスを利用したため、前夜はみな充分な睡眠がとれなかった。そのうえ、行動時間は11時間近くに及んだ。それでも体調を崩す者はなく、無事、一日を終えることができた。

突然の天候悪化、そして事故発生

翌18日は朝4時前に起床し、4時35分にヘッドランプを点《つ》けて小屋を出発した。この日は槍ヶ岳直下の槍ヶ岳山荘まで、約7時間の行程である。

40分ほど歩いて山小屋・大天井ヒュッテに着いたところで、外のテーブルで朝食のお弁当を食べた。天気はよく、6時25分にビックリ平《だいら》に到着すると突然視界が開け、槍ヶ岳からはるか剱岳に連なる北アルプスの雄大な峰々が一望できた。

ヒュッテ西岳に到着したのが8時半。この先、水俣乗越《みなまたのっこし》を越えてヒュッテ大槍までは、梯子《はしご》やクサリ場が次々と現れる険しい尾根道が続く。ほかのパーティや単独行の登山者と言葉を交わしながら抜きつ抜かれつしているうちに、進行方向に見えていた槍ヶ岳が少しずつ雲間に見え隠れしはじめた。

最後の鉄梯子を越え、東鎌尾根の核心部が終わったところで休憩をとり、昼食とした。時刻は11時半。明日下っていく予定の槍沢方面のルートがよく見えていた。

ところが、その直後に雨が落ちてきた。最初はすぐにやむだろうと思っていたが、しだいにあたりが暗くなって雨足も強まってきた。9人は慌てて昼食を切り上げて雨具を着込み、その先にあるヒュッテ大槍にとりあえず避難することにした。

雷がゴロゴロと鳴り出したのは、「ヒュッテ大槍まであと20分」と書かれた標識が現れたあたりだった。それから雷雲に囲まれるまで、大して時間はかからなかった。雨は本降りとなり、稲光が走って雷鳴が轟《とどろ》いた。

「いちばん安全なのは山小屋に避難することです。『どうしようかな』と思いましたが、周囲は低い木ばかりの灌木《かんぼく》帯で、身を隠せるようなところはありませんでした。だから『小屋まで行ってしまえ』と判断し、私が先頭になって先を急ぎました」

と越中は言う。

「ヒュッテ大槍まであと10分」の標識があるところで時計を見たら12時ちょうどを指しており、「あともう少しだ」と思った。途中、大きな岩があったが、落雷を避けられそうな安全な場所とはいえなかったので、そのまま小屋を目指した。

「もう完全に雷に取り囲まれちゃっていて、雷鳴も稲光もすごかった。頭の上でどんちゃかどんちゃか鳴っていたから、これは近いなと思いました。とにかく早く小屋に逃げ込むことだけを考えてました」

「ヒュッテ大槍まであと3分」の標識が現れると、灌木帯が途切れて背の低いハイマツ帯になった。そのなかを、岩だらけの道が延びていた。

突然開けた場所に飛び出してしまい、越中は「あっ」と思ったという。次の瞬間に、記憶がぷつんと途切れた。

9人のメンバーは、越中を先頭に一列縦隊で歩いていた。その瞬間、2番目を歩いていた者は「両手にピピッときた」と言い、3番手の者は「ドスン」というような音を聞いた。4番手の者は体の右側に大きな衝撃を感じ、前を見たら越中が倒れるところだった。7番手の者は右手に強烈な衝撃を感じると同時に、ストックの先端から青い閃光《せんこう》が発せられるのを見た。8番手の者は、全身に強烈な衝撃を受け、千切れたビニール片のようなものが見えた。5番手と6番手および最後尾の者は、なにも感じなかった。

　雷に打たれたのは越中ひとりだけで、幸いほかの8人は無事だった。倒れた越中の状態を確認すると呼吸が認められたので、ツエルト（簡易テント）を被《かぶ》せて雨除けとし、男性メンバー2人が救助要請のためヒュッテ大槍へと走った。ほかの者はそばにあった岩陰に避難した。

　ヒュッテ大槍に駆け込んだ2人は、仲間ひとりが雷に打たれて意識を失っていることを報告し、救援を要請した。しかし、現場周辺は雷雲の真っ只中にあるため、迂闊《うかつ》に飛び出していくと二次災害が起きる可能性が高く、すぐに動き出すことはできなかった。

　被雷しておよそ10分後の12時20分ごろ、気がつくと越中は、雨の中で倒れていて、体にはツエルトが被されていた。雷が落ちた瞬間の記憶はまったくなく、なんでツエルトが被されているのだろうと思った。腰から下が麻痺《まひ》していて動かせず、耳鳴りもひどかった。とくに左耳は詰まったような感覚があって、なにも聞こえなかった。首、背中と腰に痛みがあり、左胸にも苦しさを感じた。

　しばらく朦朧《もうろう》としていたのち、ツエルトの空気穴から外をのぞいてみると、男性メンバーの顔が間近に見えた。声を掛けようとしたが、思うように声が出ない。越中が意識を取り戻したことに仲間が気づき、話し掛けられているうちにようやく声を出せるようになってきた。話を

長野県警ヘリコプター「やまびこ」にピックアップされる越中
（写真提供＝尾崎拓雄）

聞いて、自分が雷にやられたこと、仲間がヒュッテ大槍へ救助要請に向かったことを知った。

二次災害の危険がほぼなくなった午後1時ごろになって、ヒュッテ大槍から小屋の支配人とスタッフひとりが救助に駆けつけてきた。その間、仲間に動かない足を伸ばしたりしてもらっていたので、足の痺《しび》れはとれていた。そこで「自力で歩けます」と言ったが、「いや、そのままで」と言われ、結局、支配人に背負われて小屋に収容された。

小屋ではホットココアを飲ませてもらい、毛布にくるまれて暖をとった。仲間や小屋のスタッフが励ましの言葉をいろいろ掛けてくれたが、やたらと寒いうえ耳鳴りがひどく、背中、腰、胸も痛んだ。

小屋に搬送されたときは、周囲はガスで視界不良だったが、徐々に天候は回復してきていた。午後3時に長野県警から連絡が入り、県警ヘリが松本を出たことを知らされた。その10分後にヘリが飛来してきて、越中をピックアップした。しかし、そのまま病院には直行せず、いったん涸沢で降ろされた。

およそ20分後にもどってきたヘリに再度乗り込むと、機内には登山者がひとり横になっていた。越中同様、雷の直撃を受けた男性だった。男性が横たわったままぴくりとも動かないのを見て、「この方はダメなのかな」と越中は思った。

別パーティの被害者は落雷で飛ばされた

越中が被雷した場所の目と鼻の先にある槍ヶ岳では、この日の朝のうちはやはり晴れていたものの、午前11時ごろになって突然大雨が降ってきて、じきに雷も鳴り出した。山頂直下に建つ槍ヶ岳山荘には、通常よりも早い雷雨の襲来に、たくさんの登山者が避難してきた。山荘内では設置していた襲雷警報器のアラームが鳴り響き、スタッフが「槍の穂先（頂上）には登らないように」と登山者に注意を呼び掛けていた。

雷雨のピークが過ぎ、雨が上がって青空がのぞきはじめたのが12時半ごろのこと。しかし、まだ遠雷は聞こえていて、襲雷警報器のアラームも鳴り続けていたので、ほとんどの登山者は小屋の中に留まって様子を見ているような状況だった。

そんななかで、８人編成の１パーティだけが行動を開始し、槍ヶ岳の山頂に向かっていってしまった。これに気づいた山荘のスタッフが、拡声器で「まだ危険だからもどってくるように」と呼び掛けたのだが、やがて姿が見えなくなった。槍ヶ岳山荘の支配人がこう話す。

「こっちを振り向いたように見えた人もいましたが、声が耳に届いていたかどうかはわかりません。そのときにはもうけっこう上のほうに行っていましたから」

それから間もない午後1時10分ごろ、槍ヶ岳の山頂に一発の雷が落ちた。その瞬間をたまたま目撃していた山荘のスタッフは、登山者が落雷で飛ばされるのを確認した。ただちに長野県警に一報を入れたが、現場周辺ではまだ落雷の危険があったため、「我々が直接現場に向かうから、そちらは出動しないように」と釘を刺された。

しばらくすると遭難者の仲間が下りてきたので、山荘のスタッフが状況を聞いたところ、落雷を受けたのは67歳の男性ひとりだけで、被雷直後から意識不明に陥《おちい》っているとのことだった。

越中がヘリの機内で見たのがその男性であり、のちに搬送先の病院で死亡が確認された。

直撃した場合の死亡率は80%

県警ヘリで救助された越中は、午後３時50分に松本市内の病院に運び込まれ、検査と治療を受けた。越中の仲間8人はヒュッテ大槍に泊まり、翌日、槍ヶ岳には登らず槍沢を経由して上高地に下山した。

越中が落雷によって受けたダメージは、脳内出血、左鼓膜の破裂、中耳《ちゅうじ》出血、蝸牛《かぎゅう》損傷、背中・尻・足の火傷《やけど》など。病院には4日間入院して8月22日に退院したが、入院中は胸と腕に筋肉痛のような痛みがあり、あまり眠れなかった。また、飲み込む力が落ちていたようで、食事をとるときに食べ物や飲み物が喉に突っかかるような感じがしばらく続いた。

体の火傷や衣類の焦げ跡、ザックや登山靴に開いた穴などから、落雷は左側頭部を直撃し、電流は左の中耳を破壊して首筋から脊柱《せきちゅう》へ走り、いったんは背中から抜けてザックを通ったのち、再び尻から体内に入って下肢へ向かい、両足から靴を突き破り外へ流れ出たものと推測された。化繊《かせん》のアンダーウェアは、雷電流により溶けてしまってワカメのようにくしゃくしゃになっていた。

雷に直撃されたにもかかわらず、奇跡的に損傷が少なかったことに、担当した医師は驚いていた。彼の見解によると、「雨でザックがびしょびしょに濡れていたから、雷電流がそちらのほうへ向かったのでしょう。心臓のほうに流れていたら助かっていなかったと思います」とのことであった。

事故後、越中が本で調べてみたら、ほとんどの落雷事故では強い電流が体を通るため、被害者は高い確率で死亡するということがわかった。

「直撃被害者の死亡率は80％だそうです。例外として、雷電流の一部が体外へ抜けたことで体内電流の割合が減少し、死亡を免れることがあるらしいです。たぶんこれでしょう。強運だったのかもしれませんね」

越中が雷に打たれて倒れた場所のすぐ横は、低いハイマツに覆《おお》われた崖《がけ》になっていて、体の一部がハイマツに引っ掛かって転落を免れていた。もしもっと崖側に倒れ込んでいたら、雷電流が心臓を通っていなかったとしても、転落によって命を落としていた可能性もある。そういう意味ではたしかに強運だったのだろう。

「逃げ場はありませんでした」

越中は若いころにも一度、雷で怖い思いをしたことがある。夏に妻と２人で谷川岳の沢を登っていたときに、日暮れが迫るなかで大雨に見舞われ、ビバークすることになった。沢から高台に上がったササ藪《やぶ》のなかでテントを張る準備をしていたら、突如としてバーンという轟音《ごうおん》が鳴り響き、２人の３メートルほど先に雷が落ちた。そこは周囲と変わらないただのササ藪で、なんでその場所に雷が落ちたのか、まったくわからなかった。

そんな経験があるだけに、雷の怖さは理解していたつもりだが、まさか自分が被雷するとは思ってもいなかった。

「早めに昼食を切り上げて出発したけど、間に合いませんでした。『あー、ヤバいな』と思っているうちに、あっという間に雷雲に取り囲まれてしまっていました。ほんとうに早かったです。判断は難しかったけど、あとから考えれば、開けた場所に出る手前の岩陰とか藪のなかで待機していたほうがよかったのかもしれません。あと、小屋に逃げ込むときに、姿勢を低くして這《は》うようにして向かえばよかったのかなと。それは失敗したかなと思っています。ただ、あれだけ雷がバリバリしていたなかでは、どこにいてもいっしょだったかも。逃げ場はありませんでした」

あずまやへの避難は危険！　死傷者11人の事故も

落雷を要因とする山での遭難者数は年間0〜数人程度で、割合的には非常に少ないといってもいい。しかし、それを以《もつ》て山での落雷事故のリスクは低いと考えるのは早計である。

雷は大気の状態が不安定なときに、積雲が発達して積乱雲（雷雲）ができることによって起こる。とくに夏季の山沿いでは、強い日差しに熱せられた空気の層が山の斜面に沿って上昇するため、積乱雲が発達しやすい。つまり夏山では気象的にも地形的にも雷雲が発生しやすく、大気の状態によっては何日も続いて雷が発生することも珍しくない。

また、雷には高いものに落ちるという特性がある。高いものの代表的存在ともいえる山は雷の恰好のターゲットであり、山頂や尾根、樹木などには雷が落ちやすい。そのわりに落雷事故が少ないのは、たまたま登山者がいないときに雷が落ちているからだろう。山頂に祀《まつ》られている祠《ほこら》が壊れていたり、立木が裂けて倒れていたりするのは、雷が落ちた痕跡と思っていい。

ところで雷は基本的に一雷一殺といわれており、被害を受けるのは直撃を受けたひとりにかぎられる。だが、ごくまれに一発の雷で複数の被害者が出ることもある。

たとえば１９６７（昭和42）年８月１日、松本深志《ふかし》高校の生徒と教員計46人が西穂高岳を集団登山中に起きた落雷事故では、11人が死亡し、13人が重軽傷を負うという大惨事となった。これだけ多くの死傷者が出たのは、独標《どつぴょう》（独立標高点）と呼ばれる岩峰のピークに落ちた雷の電流が、地中に染み込んでいかず、雨を媒介として岩伝いに流れていったためと考えられている。

また、１９９２（平成４）年11月１日には、神奈川県にある丹沢の大山《おおやま》でハイカーが雨宿りをしていたあずまやに雷が落ち、ひとりが死亡し、10人が重軽傷を負うという事故も起きている。それまでは、雷に対して建造物内にいれば安全だと思われていたが、避雷設備のないあずまやのような建造物の場合は、この限りではないということを知らしめた事故だった。

「早発早着」を徹底し、夏の午後は行動を避ける

山で雷が恐ろしいのは、雷雲の位置次第でどこにでも落ちる可能性があるうえ、安全地帯といえるのが山小屋ぐらいしかなく、ほかに逃げ場所がないからだ。そこで山に登るときには、できるだけ早めに雷の発生を予知し、遭遇する前に安全な場所へ避難することが重要になってくる。

そのためには、山に行く数日前から天気予報で、大気の不安定な状態が続いていないか、雷雨の予報や雷注意報が出されていないかをチェックする必要がある。もし雷のリスクが高そうな場合は、行動時間が短くなるよう計画を練り直す、登る山を変えるなどして、なるべくリスクを低減させるようにすべきだろう。

夏山で雷雲が現れるのは、たいてい午後になってからなので、登山の原則である「早発早着」を実践し、なるべく朝早くから行動を開始し、午後の早いうちにその日の目的地に到着するように計画を立てることも大事だ。ここで取り上げた事例では、通常よりも早い昼前に雷雲が発生したが、越中のパーティは当初の計画よりも30分ほど遅れてその日の行動を開始していた。もし計画どおりに出発していたら、無事ヒュッテ大槍に逃げ込めていたかもしれない。たった30分の時間差が生死を分けることにもなりうるのが、山の怖さでもある。

さらに行動中は雲の様子にも注意を払うことが必要である。積雲が発達して積乱雲になると、

雷雨に見舞われる可能性が高い。積乱雲との距離が近い場合は、早急に最寄りの山小屋に避難すべきだ。かすかに雷鳴が聞こえる、アラレがパラパラと降ってくるなど兆候が現れたら、雷の危険がすぐ身近に迫っており、一刻の猶予もない。

今は山の中にいてもスマートフォンなどで気象情報サイトをチェックできる時代なので、これを予知に活用するのも有効な手段だ。雷情報をこまめに入手することが回避に役立つ。

なお、ラジオのＡＭ放送は約50キロメートル離れた雷からの電波雑音を受信することができる。もし携帯ラジオを所持していて、なおかつ雷のリスクがありそうなときは、ラジオをつけながら行動し、激しい雑音が入ってきたら、ただちに避難を開始するようにしたい。

木の下に逃げ込むのは意外にも高リスク

近くに逃げ込める山小屋がない場所で、不幸にも雷に遭遇してしまったら、なるべく低い体勢で窪地《くぼち》や谷筋、ハイマツ帯のなかなどに移動し、しゃがんで姿勢を低くしたまま雷雲が去っていくのを待つしかない（結果論であるが、それをしなかったことを、越中は悔やんでいた）。

とくに雷が落ちやすい山頂や岩場などにいるときは、できるだけ早急にその場を離れるべきだ。背負っているザックが頭よりも上に飛び出していたら、ザックを手で抱え、やはり姿勢を低く保って避難する。傘は絶対にさしてはならず、ザックに付けたテントのポールやストック

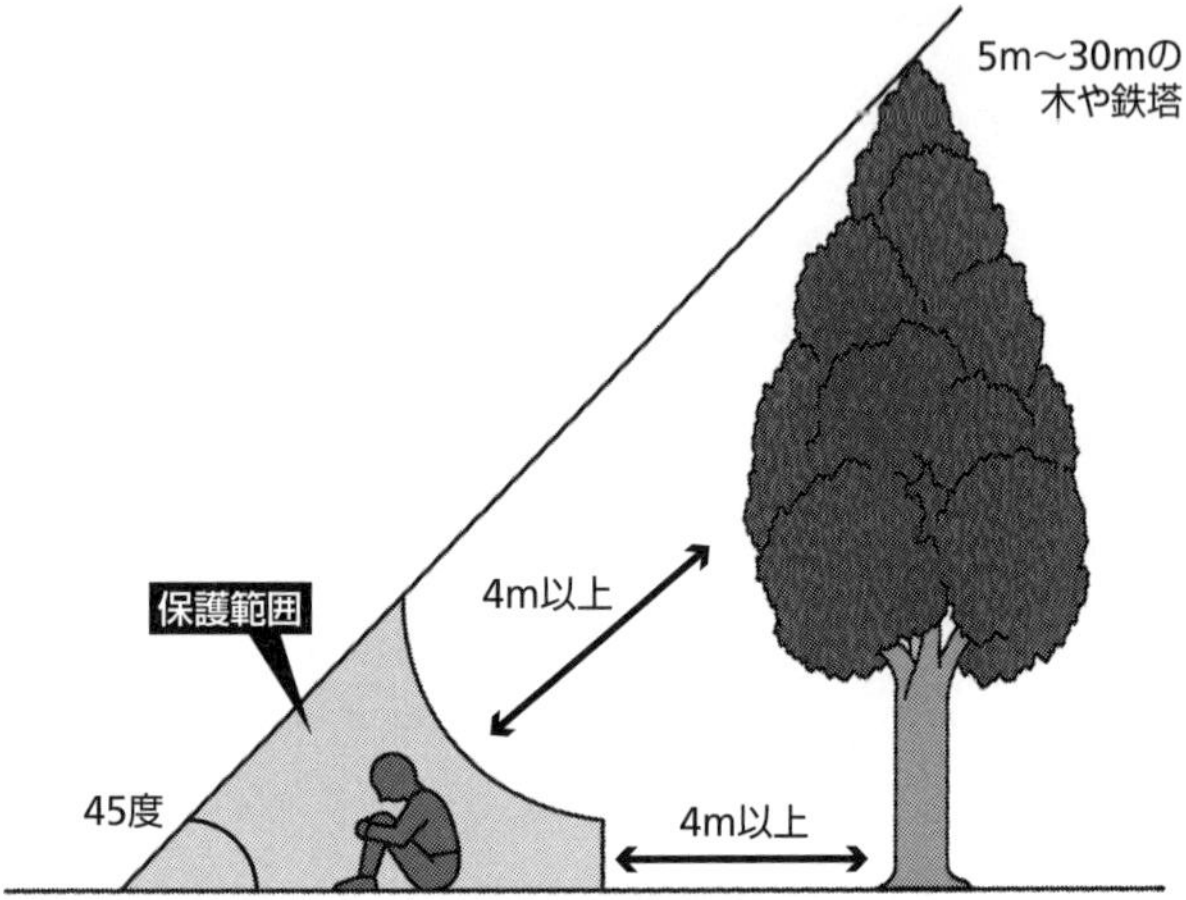

なども頭より上に突き出ないようにしておく。ちなみに昔は「金属類を身につけていると危険」といわれていたが、これは迷信である。身につけている時計やネックレスなどの金属類をわざわざ外す必要はない。

雷は雨を伴うことが多く、〝寄らば大樹の陰〟で心理的に大きな木の下に逃げ込みたくなるものだが、雷が木に落ちたときにそばにいると、木に落ちた雷の電流が人に飛び移ってくる「側撃《そくげき》雷」が起こる。木の下は決して安全ではなく、逆にリスクは高くなってしまう。

2019（令和元）年のゴールデンウィークには、丹沢の鍋割山《なべわりやま》で落雷による死亡事故が起きたが、亡くなった登山者は降り出した雨を避けようとして木の下に移動したところで雷に打たれたという。詳しい状況はわかっていないが、側撃雷だった可能性は高い。

ただし、高さ5メートル以上30メートル以内の木や鉄塔などの周囲には「保護範囲」と呼ばれる安全地帯が生じる。保護範囲とは、すべての幹や枝先（あるいは鉄塔など）から4メートル以上離れ、木や鉄塔などの頂点を45度以上の角度で見上げる範囲のことで、そのなかで低い姿勢を保っていれば、比較的安全だといわれている（安全性は１００％ではない）。

また、雷雲が通り過ぎ、かすかに雷鳴が聞こえる程度まで遠ざかったとしても、決して油断してはならない。雷はときに10キロメートル以上離れた場所に落ちることもあり、遠くで「ゴロッ」と聞こえた次の瞬間に、自分の頭の上に落ちている可能性もある。越中の事故と同じ日に槍ヶ岳で起きた死亡事故は、その典型的な例だろう。まして、天に向かって屹立《きつりつ》する槍ヶ岳の岩峰は、さながら避雷針のようなものであり、遠雷とはいえまだ雷が鳴っているときにその山頂に登るのは、自殺行為に等しかったといっても言い過ぎではない。

事故後、越中は何人もの人から「山はやめないんですか」と聞かれたが、やめるつもりはまったくない。たまたま命が助かってよかったとは思っているが、ただそれだけのことだ。

「そもそも山自体が危ないところであり、なにがあってもおかしくはない」

越中は山をそう捉えている。

小梨平キャンプ場クマ人身被害

登山目的でテント泊をしていた女性

岐阜県との県境に近い長野県松本市の西端、梓《あずさ》川の上流部にある標高約１５００メートルの上高地は、日本を代表する山岳観光地のひとつ。槍・穂高連峰の登山基地としても広く知られており、シンボル的存在の河童《かっぱ》橋から仰ぎ見る穂高連峰の景観はつとに有名だ。

その上高地の自然林のなかに整備された小梨平《こなしだいら》キャンプ場は、バスターミナルから徒歩約10分という好ロケーションにあり、春から秋の開設期間中は、大勢の登山者やキャンパーらで賑わっている。

浅山忍（仮名・50代女性）がこの小梨平キャンプ場を訪れたのは、２０２０（令和２）年８月８日のことである。大学時代に山岳部に所属していた浅山は、卒業後も登山を続け、１ヶ月に1回ほどのペースでコンスタントに山に登っていた。しかし、ここ３、４年ほどは山に行く機会が減っていたため、小梨平キャンプ場に２泊し、明神《みょうじん》岳中腹のひょうたん池や徳本《とくごう》峠を往復するなどして足慣らしをするつもりだった。

上高地には高速バスで正午過ぎに到着し、歩いて小梨平まで行って受付をすませた。その際に、「クマが目撃されているから気をつけてくださいね」と口頭で注意があった。

キャンプ場には大学山岳部OB会の先輩2人がひと足先に入っており、翌日、もうひとりの先輩が合流する予定だった。テントは3人ともBサイト（A～Lの12エリアに区分されている）に設営した。新型コロナウイルスの感染対策のため各自ソロテントを持参しており、浅山はサイトのいちばん端、道を挟んだトイレの向かい側にテントを張った。雨除けのフライシートは四隅にペグ（杭）を打ってしっかり固定したが、風で飛ばされる心配はなさそうだったので、テント本体にはペグを打たなかった。

幕営後は屋外のテーブルで先輩2人とお酒を飲みながら歓談して過ごし、夕方ごろには酒とつまみでお腹が一杯になった。夕食は各自で用意しており、浅山はパックの白米とレトルトのカレーを食べるつもりでいたが、先輩がつくってくれたパスタを分けてもらってすませた。

Bサイトは次第に混み出し、午後6時過ぎにお開きにするころには、テントでほぼ満杯状態だった。出たゴミは先輩が引き取ってくれ、自分の食料や食器類はテントの中に入れた。食料はパックの白米とレトルトのカレーを2個ずつ、チーズ入り蒲鉾《かまぼこ》とカルパスを2本ずつ、ミックスナッツ2パック、クラッカー2パック、ドライクランベリーとピスタチオを持っていたが、ほとんど手をつけていなかった。もし匂いが漏れるとしたら、来る途中の道の駅で買ったおいなりさんぐらいしかなかった。

自分のテントに引きあげて就寝したのが午後7時ごろ。暑かったのでシュラフ（寝袋）には入らず、マットの上に横たわったままで寝た。時間はわからないが、一度、雨の音で目が覚めた。しかし、またすぐに眠りに落ちた。

真夜中に起きた恐怖のテント襲撃

その後、テントが揺れていることに気づいて再び目が覚めた。時刻は午後11時半ごろ。「なんで？　地震？」と思った次の瞬間には、足元の方向に引っ張られるようにテントが動き出した。テントは1〜2人用の細長い長方形で、何者かがフロアの短辺部を持って引きずっているかのように、強い力で引っ張られた。その力の強さから、なんとなく「クマだろうな」と感じたが、状況を把握しようとするのに精一杯で、なにもできないまま横になっていた。

途中でスピードが加速し、キャンプ場の明かりに照らし出された木立の影が、テントの壁に流れるように映し出された。それはトンネルの中を車で走っているような感覚だった。このままでは誰にも知られずに連れ去られてしまうと思い、引きずられているときに、一度だけ「助けてください」と叫んだ。

間もなくして引きずられるのが止まった。のちにそこはトイレの裏手にあたる場所だとわかったが、キャンプ場の明かりは届いていた。テントの壁の布地に大きな影が立ち上がるのが映ったように見えた次の瞬間、テントが一瞬のうちに引き裂かれ、何者かが浅山の黒いスウェットパンツの裾をくわえて引きずり下ろした。浅山にクマの姿を見た記憶はないが、なにか黒いものが動いていた印象はある。スウェットパンツは、器用に片足ずつ抜いて脱がされたという。

「その後、足元で黒い大きな生き物が両腕を振り回しているような仕草をうっすらと感じました。もう死ぬ、と覚悟しました。今振り返ると、私は恐怖のあまり、一瞬気絶していたのではないかと思います」

クマはトイレの裏側までテントを引きずっていった（写真提供＝浅山忍）

そう浅山は言う。以下は朝日新聞社の言論サイト「論座」（2020年9月20日）に掲載された浅山の手記からの引用である。

〈そのあと——なぜか静かになった。二本のテントポールが交差するアーチの向こうに夜空が見える。真横は笹やぶだ。10秒ぐらい数えただろうか、周囲は無音のままだ。動いていいのか？　まずいのか？　悩みながらも、腹筋を使って体を起こしてから、クマに背を向け、腰を低くして走って逃げた。体を起こしたとき、テディベアのようにだらんと座る、うつむき加減のクマの頭部が暗がりに見えたように思う。耳が大きく愛らしく見えた。立ち上がってすぐ、焦って転んだが、起き上がって再び全力で走った〉

「クマに遭遇したときには背中を見せて逃げてはいけない」というのは頭にあったが、そんな余裕はなかった。そこがトイレの裏手だということはすぐにわかったので、低い体勢で走って逃げ、扉を開けて女性用トイレに駆け込んだ。

トイレの中で剝き出しの足を見て、初めて負傷していることに気づいた。右膝の横の肉がえぐれて、直径8センチほどの範囲の傷となっていた。出血は少なかったが、トイレに備え付けのトイレットペーパーで傷を押さえた。

トイレの扉を細く開けて外の様子をうかがうと、クマは確認できなかったが、ちょうどトイレから男性が出てきたところだった。先輩のテントまではわずか数メートルの距離だったが、ひとりで歩くのは怖かったので、男性に「クマに襲われたので、仲間のテントまで付き添ってください」と声を掛けた。下半身は下着だけしか穿いていなかったが（足には靴下を履き、上半身には薄手のダウンジャケットを着ていた）、この際、気にならなかった。

男性が「いいですよ」と言ってくれたのでトイレから出たときに、別の男性が駆けつけてきた。浅山の悲鳴を聞いて誰かがキャンプ場の管理事務所に連絡を入れたそうだ。彼は「クマを監視するためにボランティアで巡回をしている」と言った。のちに、この男性は野生動物の長期生態研究を行なっている大学教授で、キャンプ場からの依頼を受けてクマ対策に携わっていることを知った。

先輩2人はテントの中で寝ていたが、「クマに襲われたので起きてください」と呼び掛けると、テントの中に入れてくれた。とりあえず止血のために右の太腿《ふともも》を縛ってもらい、ズボンを貸してもらった。手渡されたポカリスエットがありがたかった。

間もなくキャンプ場の管理者が車でやってきて、「救急車を呼びました。上高地の診療所まで送ります」と言った。そのころから体が震え出し、しばらく止まらなかった。傷は痛んだが、耐えられないほどではなかった。診療所で応急手当を受けたとき、医師からは「死んでもおかしくなかった。不幸中の幸いだ」と言われた。その後、先輩ひとりに付き添われて、救急車で松本の病院に搬送された。

心身に負った深い傷とクマのその後

病院に到着したときは、日付が変わった9日の午前2時35分になっていた。まずは新型コロナウイルス感染症対策のための抗原検査とＰＣＲ検査を行なったのち、裂傷の縫合手術を受けた。右膝の横には長さ8センチほどの裂傷が2列平行についており、深いほうの傷を8針縫った。検査の結果はいずれも陰性だった。

手術後、「ホテルに行きますか、入院しますか」と聞かれたので、「入院します」と答えた。断続的な震えはおさまらず、右足全体が腫れて熱っぽく、体温も一時は38度以上にまで上がった。

午前中に松本警察署の警察官がやってきて、20分ほど事情聴取を受けた。昼ごろにはもうひとりの先輩が浅山の荷物を回収して病院に届けてくれた。その先輩から、テント内にあった食料が食べ尽くされていたことを聞かされた。白米のパックやレトルトカレーは爪できれいに引き裂かれ、紅茶が入っていたプラスチックボトルのスクリューキャップは器用に開けられていたという。

病院には午後2時ごろまでいて退院し、その日のうちに先輩の車で帰京した。帰宅したのちは9月下旬まで通院が続き、過敏になる、社会的関心が低下する、胃の痙攣《けいれん》が続くなどショックの後遺症と思われる症状も2ヶ月ほど残った。受傷部の神経は切れていて、完治するのに1、2年かかると医師に言われた。

事故後、小梨平キャンプ場は閉鎖となり、環境省中部山岳国立公園管理事務所（以下、「管理事務所」）は周辺3箇所にワナを仕掛けて巡視を続けた。そして8月13日早朝、キャンプ場から直線距離にして約４００メートルの位置にある「ザ・パークロッジ上高地」のホテル敷地内にクマが姿を現したため、麻酔銃で銃撃。いったんは逃走されたが、やがて現場近くで死んでいるのが発見された。回収したクマは雄の成獣で、体長約１・４メートル、推定体重１５０～１７０キロ。大きさなどから浅山を襲ったクマと同一個体と推定された。

上高地では年50件ほどだった目撃情報が3倍に

上高地一帯はツキノワグマの生息地であり、クマが目撃されるのは珍しいことではない。ただ、基本的にクマは人間を恐れており、ある一定の距離が保たれた状況下で先に人間の気配に気づけば、ほとんどの場合、クマのほうがその場から立ち去っていく。

しかし、人間が野山などに放置した生ゴミを漁《あさ》り、その味を覚えてしまったクマは別だ。人間の近くには餌《えさ》になるものがあると学習し、それを求めて人間のまわりをうろつくようになる。このように、生ゴミなどに餌付《えづ》いて人間を恐れなくなったクマの出現は、数十年前にも大きな問題になっていた。

上高地に関わる国、県、市、旅館、山小屋、交通事業者、研究機関、地域の関係団体や協議会などで構成される中部山岳国立公園上高地連絡協議会が、世界最高水準の山岳公園づくりを目指すために２０１４（平成26）年に策定した「上高地ビジョン」にも、次のような記述が見られる。

ツキノワグマ（写真＝iStock.com/OSTILL）

〈ツキノワグマは北アルプス一帯に広く生息しており、かつては上高地においても適正に処理されていない旅館や山小屋の生ゴミに餌付いて施設周辺に頻繁に出没し、人的被害を防ぐため捕殺されていましたが、近年、各施設で適正なゴミ処理が徹底されるようになり、生ゴミに餌付く個体はほとんど見られなくなっています〉

だが、近年は一部でゴミの処理が甘くなりつつあったようだ。浅山の事故について、ＮＰＯ法人信州ツキノワグマ研究会（信州を拠点として、ツキノワグマへの理解を深めるために調査・研究や啓発普及活動を行なう団体）と、ＮＰＯ法人ピッキオ（軽井沢をベースに、クマと人との共存を目指してクマの保護管理に取り組む団体）がまとめた報告書

『上高地小梨平キャンプ場ツキノワグマによる人身事故現場検証について』にはこうある。

〈上高地周辺でのクマ目撃情報件数をみると、２０１８年度までは年間50件ほどだったが、２０１９年度は１５８件に達し、今年度も同水準で推移していた。２０１９年度以降は、歩道沿いでの若い個体を含むクマの目撃に加えて、屋外の冷凍庫から食料が持ち去られたり、ゴミ箱やゴミ焼却炉が荒らされたり、グリストラップ（筆者注：排水に含まれる油脂や残飯、野菜くずなどが下水に直接流れ込むのを防ぐために、厨房に設置される装置）を空けられたりする事案が何度も確認されていた。これらを受け、環境省上高地管理官事務所では、民間事業施設への施設管理徹底の呼びかけや利用者への普及啓発を前年より強化していた〉（引用ママ）

人身事故直前にもクマを捕獲

実際、この事故が起きる2週間ほど前の7月27日、同キャンプ場ではクマによってゴミ箱が漁られるという事態が発生しており、7月31日から8月3日まで4日連続で、テントサイトやゴミ箱の設置場所においてクマの出没が確認された。

ゴミ漁りが発生した7月27日以降、同キャンプ場の管理に関わる管理事務所と日本アルプス観光は、テントサイトの一部閉鎖、ワナの設置、巡回の実施などの対策をとって再発防止に努めた。また、8月4日にはキャンプ場のウェブサイトを通じて、次のとおり利用者に注意を呼び掛けた。

〈上高地全域に熊の目撃情報が毎日多数出ています。小梨平キャンプ場でもこの一週間で4日間夜間の出没がありました。テントサイト内でゴミを外に出しっぱなしにした場合はほぼ100%熊に荒らされています。キャンパーの常識としてゴミはゴミ箱に捨てる、宵越しの料理は残さない、食料飲料は必ずテントの中に入れる、夜間の外出時は懐中電灯かヘッドライトは必携、熊もそんな常識が崩れればやってきます。皆様のご協力をお願いいたします〉

そしてこの日（4日）の午後11時、ザ・パークロッジ上高地のホテル敷地内に仕掛けてあったワナにクマがかかった。続いて6日の午後7時ごろにも、キャンプ場から直線距離にして約5キロメートル離れた徳沢ロッジ付近でワナにかかったクマがいた。いずれも殺処分にはならず、麻酔捕獲されたうえで、長野県内の北アルプスとはまったく異なる山系に奥山放獣された（具体的な場所は不明）。

この夜、4つのテントが襲撃に遭っていた

だが、餌付いていたのはこの2頭のクマだけではなく、8日の夜にとうとう浅山の人身被害が出てしまった。

実は事故が起きる前夜、つまり8日の未明、同キャンプ場のDサイトで、親子3人が就寝中

のテントがクマに襲撃される事故が起きていた。襲撃は食料目当てだったと思われ、テント内に置いてあった食料が食い荒らされたが、親子は逃げて無事だった。

　このテント襲撃については、ほかのキャンプ場利用者には伝えられず、キャンプ場を閉鎖する措置もとられなかった。被害に遭った浅山も、幕営の受付をした際に言われたのは、「クマが出没するので注意してください」ということだけだった。

　このことについて、管理事務所は、「当時の状況から、このクマは人間を見たらすぐに逃げるような、人を恐れる個体と認識していた」と話す。というのも、親子３人のテントが襲われたとき、騒ぎを聞きつけて人が現場に駆けつけたら、クマはすぐに逃げ出したからだ。このため、前出の大学教授と相談のうえ、夜間パトロールを配置して人間がいる状況をつくれば対応できると判断し、キャンプ場の全面閉鎖には踏み切らず、ほかの利用者にもテント襲撃事故の発生についてはあえて告知しなかったのだった。

　しかし、事故は起きてしまった。浅山がこう言う。

「もしかしたら、私は死んでいたかもしれない。だから周知してほしかった」

　浅山のテントが襲われる1時間前の午後10時半ごろには、ＥサイトとＦサイトの有人テントもクマに襲われていた。さらに翌９日の午前４時ごろにもＩサイトの有人テントが襲撃に遭った。浅山以外に負傷者が出なかったのは不幸中の幸いであり、ひとつ間違えば大きな惨事になっていたとしてもおかしくはない状況だった。前日のうちにキャンプ場の閉鎖に踏み切らなかったのは明らかに判断ミスであり、それは管理事務所も認める。

「当日はキャンプ場利用者数が５００人ほどだったこともあり、細かな周知も現実的には難しい面がありました。しかし、結果的にはこちらの落ち度だったかもしれません」

同キャンプ場がウェブサイトにアップした事故の経過報告にも次の一文がある（２０２０年8月19日掲載）。

〈コロナ禍の中、今シーズンの営業を取りやめることも考えていましたが、国が経済を優先し国民が自粛をしていることを知っていましたし、キャンプ場なら3密も回避できることから人気もあったため、皆さんの憩いの場になれたら良いという気持ちもあり、前日の事故があったにもかかわらず営業を続けてしまったことには悔いが残ります〉

事件を受けてのキャンプ場の対策

キャンプ場の閉鎖が決まったのは9日の朝のことであり、同日の日没までにテントはすべて撤収された。その後、前述したとおり浅山を襲ったのと同一個体と思われるクマが13日に駆除されて以降は、クマによる襲撃事件は起こらず、小梨平キャンプ場は9月7日からキャンプサイトの一部で営業が再開された。

再開にあたっては、餌付いたクマが確認され次第キャンプ場を閉鎖することにしたほか、「キャンプ場施設利用規則」が新たに定められた。規則には、「当日必要のない食料は食料庫に預け、テント内には食料を置かないようにする」「夜間、ゴミ箱は食料庫に設置する」「夜間の食料庫内への出入りはなるべく控える」「テントサイトでのＢＢＱの禁止」などの内容が盛り込まれた（それまで食料はテント内に保管するように指導されており、ゴミ箱も24時間、屋外に置かれていた）。また、キャンプ場に近接するササ藪を刈り払って見通しをよくし、クマが身を隠しにくい環境を整備した。

さらに、管理事務所は、上高地の宿泊施設やキャンプ場に対して、餌付きグマを出さないようにするためにゴミの管理と処理を徹底するよう改めて指導するとともに、クマ対策の啓発活動の一環として、上高地ビジターセンターにおいて「上高地のクマ」というテーマのレクチャーを毎日実施。キャンプ場利用者や一般観光客に受講を呼び掛けている。

同キャンプ場の２０２０年度の営業は11月３日の宿泊を最後に終了となったが、こうした取り組みが功を奏したのか、２０２０年８月10日以降２０２１年のシーズン終了まで、クマによる人身被害やテント荒らしは発生していない。

臆病なクマが人間を襲う3つのパターン

前述したとおり、もともとクマは臆病な動物で、基本的に人間を恐れている。しかし、不幸にしてお互いが相手の存在に気づかず、至近距離でばったり出食わしてしまうと、クマは我が身を、あるいは我が子を守るために必死になって人間に立ち向かってくる。登山や渓流釣り、山菜・キノコ採りなど野外での活動中に起きるクマによる人身被害は、このようなケースがほとんどだ。

また、これとは別に、クマの食料となる堅果《けんか》類（ブナ、ミズナラ、コナラなどの実）の不作の年には、冬眠を前にしたクマが餌を求めて人里に下りてきて人間と遭遇してしまうという事故も多発する。それに拍車をかけているのが里山の荒廃である。かつての里山は、適度に人間の手が入って管理されていたため、クマが棲む野山と人里との緩衝地帯的な役割を果たしていた。

しかし、近年は過疎化や高齢化などにより里山の荒廃が進み、クマの生活圏が人里に隣接する場所にまで広がるようになり、クマと人間の距離が縮まって両者が遭遇しやすい状況になっている。こうした状況が、人間を恐れない〝新世代のクマ〟を生んでいるという指摘もある。近年たびたびニュースになる、市街地に出没するクマなどは、里山の荒廃と新世代のクマの出現が招いた極端な例なのだろう。

ツキノワグマによる人身被害者数の推移（1980〜2020）

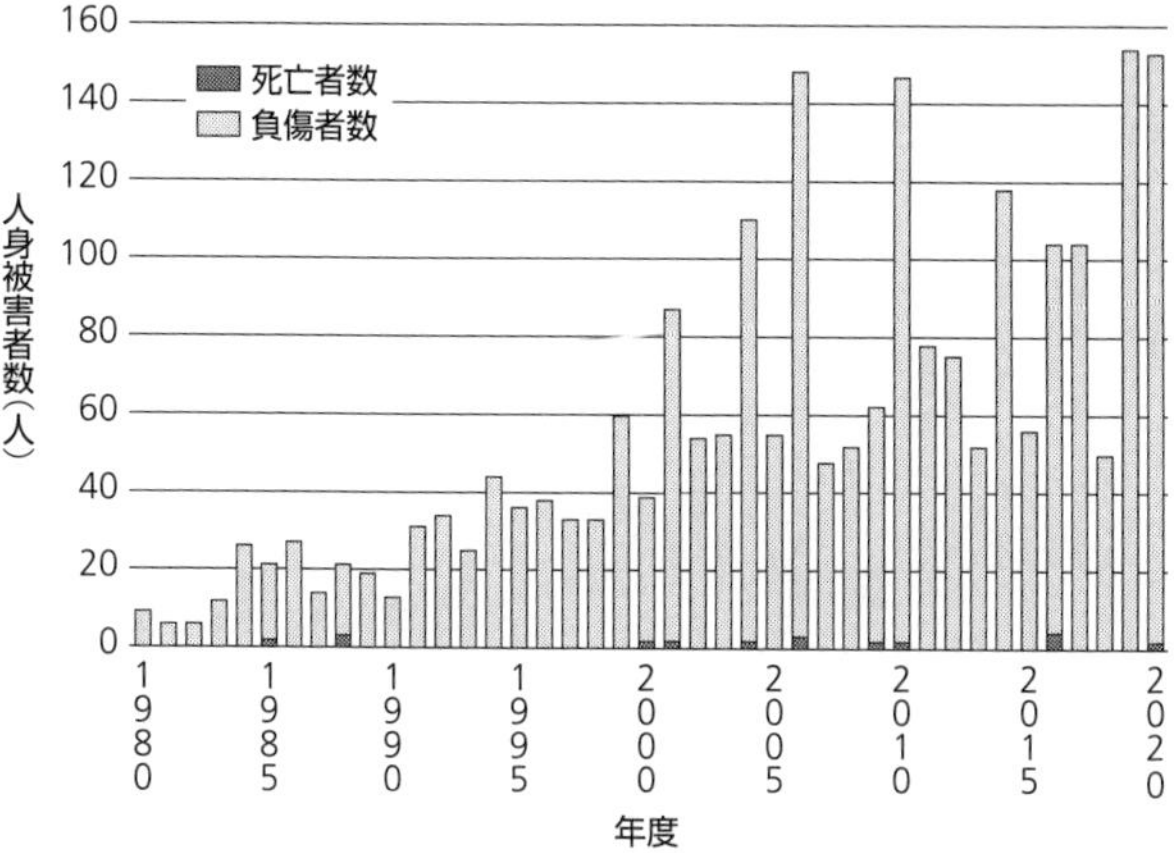

出典：「クマ類の出没対応マニュアル―改定版―」（環境省自然環境局）より

そしてもうひとつのパターンが、小梨平キャンプ場での事故のような、餌付いたクマによる人身被害だ。それは上高地周辺に限ったことではない。たとえば北アルプス・薬師岳の登山口となる折立《おりたて》キャンプ場では以前からクマの出没が確認されていたが、２０２０年は行動がよりエスカレート。登山者のそばからザックを奪う、食事中に襲ってくる、車の窓ガラスを割って車内を物色するなど、異常行動が連続したため、夏からキャンプ場の閉鎖措置がとられるようになった（２０２１年も閉鎖）。

　餌付いたクマは、その場所に、あるいは人間のそばに餌となるものがあることを学習しているため、それを求めて何度でも繰り返し出没する。事故を防ぐためには、なによりクマを餌付かせないことが重要であり、登山者やキャンパーにはゴミを捨てないなどのルール・マナーの遵守《じゅんしゅ》が、山小屋やキャンプ場といった施設管理者にはゴミの管理と処理の徹底が求められる。

とくに新型コロナの流行が始まった２０２０年は、３密を避けられる登山やキャンプなどの野外レジャーに注目が集まり、予想外に大勢の人が野山に繰り出した。しかし、その一方で、クマの餌付けに繋がるゴミの放置やポイ捨てが各地で目立ったという報告もある。初心者に対するルール・マナーの教育も、今後の課題となろう。

食料をテント内に置くのはもう危ない

また、一般的なテント利用の登山では、ヒグマが生息する北海道の山岳地帯を除いては、食料は寝泊まりするテント内に保管するのが当たり前とされてきた。しかし、本州の山岳地のほぼ全域もツキノワグマの生息地であり、近年は北アルプスを中心とした標高２０００〜２５００メートルの高い場所でも頻繁にクマが目撃されていることを考えると、これまでどおり食料をテント内に置くのはリスキーなように感じられる。

こうした山岳地帯の幕営地のほとんどは、隣接する山小屋が管理しており、山麓《さんろく》のキャンプ場のように設備が整っているわけではないので、テント利用者の食料管理や生ゴミ処理はなかなか容易ではない。しかし、山岳地でもクマと人間の距離が近くなっているのは明らかだ。だとしたら、これまでの常識を疑い、状況の変化に応じた対策をとっていくのは当然のことだろう。幕営地にはフードロッカーを設置する、登山者は密閉タイプの容器や袋に食料を入れて携行するなどの対策は、すぐにでもとるべきではないだろうか。

近年は各地でクマの出没・目撃情報がニュースとなり、クマと人間との関係性が改めて問われている。長い目で見たら、クマを取り巻く環境が昔とは変わってきているのは間違いなく、そのことによって、指摘されているようにクマの性質も微妙に変化しつつあるのかもしれない。そしてまた、クマの個性も個体によりさまざまだ。それを踏まえたうえで、我々人間もクマとの付き合い方を改めて考えていく必要があろう。

ハチ毒のアナフィラキシー被害

沢登り中、頬にチクリで意識喪失

石沢学（仮名・38歳）が、山仲間と2人で仙台近郊の沢登りに出掛けたのは2012（平成24）年8月18日のことだった。目指すは山形県山形市の東部、宮城県との県境に近い面白山《おもしろやま》高原の紅葉《もみじ》川。前回は紅葉川支流の権現沢を遡行《そこう》したので、今回は紅葉川本谷（本谷＝本流の流れる谷のこと）を詰めて（遡《さかのぼ》って）いって奥新川《おくにっかわ》峠に出て、一般ルートを下りてくる計画だった。

石沢が登山を始めたのは高校に入学してからで、山岳部に所属し、高校3年のときにはインターハイ登山大会に出場して優勝した経験を持つ。登山の実績をアピールしての一芸一能入試で入った亜細亜大学でも8年間をやはり山岳部で過ごし、同級生だったのちの登山家、野口健とはアコンカグア（南米最高峰）やビンソンマシフ（南極大陸最高峰）への海外遠征をいっしょに行なった。

働きはじめてからも社会人山岳会に籍を置き、縦走、雪山、沢登り、バックカントリー（スキー場のゲレンデではない、山岳地を滑降することをこう呼ぶ）など、オールラウンドに活動してきた。仕事柄、転勤が多いため、その都度、周辺の山々で細く長く登山を楽しんでいる。単独行とパーティ登山の割合は半々ぐらいだが、とくに雪山をひとりで縦走するのが好きだという。沢登りも好きなジャンルのひとつで、都内に勤務していたときは奥多摩や丹沢、北関東などの沢に通っていた。

この日、２人は起点となる面白山高原駅を午前7時17分に出発。奥新川峠へ至る一般登山道を20分ほどたどり、権現沢の出合《であい》で入渓準備をすませ、紅葉川の本谷へと下降した。

7時56分、紅葉川本谷に下りると、小さな釜（滝壷のこと）があるきれいな渓相《けいそう》が目に飛び込んできた。下流側には堰堤《えんてい》（石やコンクリートの堤防）の滝と釜があり、上流側はV字状の谷となっていた。ここから遡行を開始する。

すぐに釜のある小滝が連続し、これを過ぎると行く手に堰堤が現れた。この堰堤を右側（左岸）から巻いて（迂回して）いるときだった（谷や沢では、上流から下流を見て右側の岸を右岸、左側を左岸という）。右頬をなにかにチクリと刺された感覚があり、その直後から手の指が痺《しび》れ出した。痺れは腕や足にも広がっていき、貧血のときのように血圧が低下していくのがわかった。「これはヤバい」と思い、なんとか堰堤の上まで這《は》い上がり、沢の脇にザックを下ろし、ヘルメットを脱いで座り込んだところで意識が途切れた。

石沢の異変に気づいた仲間は、すぐに駆け寄って介抱したが反応はない。現場からどうエスケープすればいいのか、いったんその場を離れてあたりを観察してみると、左岸の尾根状に登山道が通っているのが確認できた。しかし、石沢は依然として問い掛けに反応せず、意識を失ったままだった。この状況ではひとりで石沢を搬送するのはとうてい無理であり、救助要請が必要だと判断した。

ただし、そこは携帯電話の圏外だったので、面白山高原駅方面へと移動しながら電波が拾える場所を探した。駅の近くまで来たところでようやく電波が通じ、8時55分、119番に通報して救助を要請した。先方からは、「救急車と消防団を手配するので、面白山高原駅で待機し、救助隊が到着したら現場まで誘導してください」との指示を受けた。15分ほどして消防本部から折り返し電話があり、防災ヘリおよび消防団、救急車の出動を手配中であることを知らされた。

一方、気を失っていた石沢は、40分ほどが経過した8時50分ごろ意識が回復した。手足にはまだ痺れが残っていて、目の焦点もよく合っていなかった。そばに仲間の姿が見当たらなかったことから、9時12分に彼の携帯電話にかけてみると、すぐに通じた（仲間とは別の携帯キャリアと契約していて、こちらは電波が通じた）。仲間との通話で、彼が救助要請のために現場を離れていたことを知り、石沢も自分の状況を報告した。

電話を切ったあと、仲間は再度119番に連絡を入れ、石沢が意識を回復したことを知らせ、併せて本人の携帯電話の番号を伝えた。9時23分には消防本部から石沢の携帯電話に直接連絡があったので、とりあえず現状を説明した。

9時38分、消防本部から再びかかってきた電話に、石沢は「しばらく休んでから自力で下山します」と伝えたが、「すでにヘリは飛び立っている」とのことだった。ヘリはもう現場近くまで来ていたようで、続けてＧＰＳの位置情報を伝えると、すぐに上空に防災ヘリが姿を現した。その後、ヘリから降下してきた隊員によって機内に収容され、山形市内のあかねケ丘陸上競技場へと運ばれたのち、救急車で病院へと搬送されていった。

事故体験者が語る教訓

病院では応急処置と点滴を受け、診察を終えた。診察では、自覚症状のあった右頬だけでなく、右耳下と首のうしろに虫刺されの跡があるのが確認されたが、原因の特定はできなかった。だが、後日ハチ毒の抗体検査を受けた結果、陽性だったことが判明したので、ハチ毒によるアナフィラキシーショックだった可能性が高い。

この事故の教訓として、石沢は次の点を挙げている。

・沢登りであり、転滑落やルートミスによる事故には充分な注意を払っていたが、虫除け対策や有毒植物などに関する注意を怠っていた。入渓の際にはこれらのリスクマネジメントも必要となる。

・緊急時の対応や搬送を考えると、３人以上のパーティ編成が望ましい。

・通信手段として携帯電話が威力を発揮した。ただし、事故現場では電波が通じないキャリアもあった。パーティを分断しての事故対応を想定すると、無線機についても複数台の携行が望ましい。

・ＧＰＳにより現在地を正確に伝達できたことが、円滑な救出活動に繋がった。とくに沢では、位置情報把握手段として有効であることが確認された。

「初回はアナフィラキシーにならない」は誤解

日本には４０００種以上のハチが生息しているといわれ、人を刺すハチとしてはスズメバチ類、アシナガバチ類、ミツバチ類、マルハナバチ類、ベッコウバチ類などが知られている。いずれにしても刺すのは雌だけで、これは毒針が卵を産むための産卵管が進化したものであることによる。

ハチの種類によって程度は違ってくるが、通常、ハチに刺されると激しい痛みがあり、刺された箇所は熱を持って赤く腫れ上がる。しかし、ハチ毒に対してアレルギーを持っている人は、それだけではすまない。刺傷後数分〜十数分の短時間で、発汗、発熱、蕁麻疹《じんましん》、頭痛、腹痛、嘔吐《おうと》、下痢、全身浮腫《ふしゅ》（むくみ）、チアノーゼ（唇や指先などの皮膚・粘膜が暗紫色《あんししょく》に変化した状態）などの症状が現れることがある。

これがアナフィラキシー（特異過敏症）で、血圧の低下や意識障害を伴う場合をアナフィラキシーショックと呼ぶ。アナフィラキシーは2度目以降の刺傷のときに発症しやすいが、初めて刺された人が発症することもある。

先のケースでは、当事者はアナフィラキシーショックを引き起こして意識を失ったものの、幸い大事には至らずにすんだ。しかし、最悪の場合、呼吸困難や気道狭窄《きょうさく》などを発症させて命を落としてしまうこともある。

80歳のベテランクライマーを襲った悲劇

埼玉県在住の安田勇次（仮名）が父親とその友人2人の計4人パーティで沢登りを計画し、奥秩父の豆焼沢《まめやきさわ》に入渓したのは２０１６（平成28）年8月6日のことである。計画では豆焼沢を遡行して沢の途中で1泊し、翌日、雁坂《かりさか》峠に抜けて黒岩尾根を下山する予定だった。父親は80歳という高齢だったが、国内はもとより海外遠征登山の経験も豊富で、その実力は社会人山岳会の代表を務めるほどであった。当時も雪山登山やクライミングを積極的に行なうなど、バリバリの現役として活動していた。

この日の朝、4人は車で秩父方面へ向かい、午前11時30分ごろ雁坂トンネル手前の出会いの丘駐車場に到着。12時過ぎから登山を開始した。

駐車場からはすぐに豆焼沢に入らず、左岸の１００メートルほど上部につけられている作業道をしばらく進んだ。作業道は山腹をトラバース（水平移動）するようにして豆焼沢のトオの滝の下まで続いており、父親の足でも2時間ほどで沢に下りられるはずだった。しかし、1時間半ほど歩いたところで道が不明瞭になってきたため、作業道を外れて沢に直接下りることにした。

斜面はかなり急だったが、樹林帯だったので手掛かりとなる立木もあり、問題なく下りられそうに見えた。ただ、トレイルランニング用のシューズを履いていた安田以外は、フェルト底の沢登り用の靴だったため、グリップが利かずにずるずる滑り、苦労している様子だった。

何度も尻餅をつきながら下りる父親を横目に、安田はひとり先行して斜面を下り、15分ほどで沢に下り立った。振り返ると、50メートルほど上の斜面に父親の姿が見えていて、そのうしろにほかの2人が続いているようだった。

安田が岩の上で沢登り用の靴に履き替えていると、父親が下りてきて、沢のほとりに座り込んだ。そのときは、「ああ、父が下りてきたな」と思った程度だったが、続いて父の友人が下りてくるなり、安田にこう言った。

「お父さん、ハチに刺されて大変だよ」

それを聞いて父親を見ると、沢に足を浸けた状態で苦しそうに横たわっており、初めて異変に気がついた。近づいて「どうした？」と声を掛けると、しんどそうに起き上がって、ほとんど言葉になっていないような弱々しい声で「ハチに刺された」と言った。

それでも「1匹や2匹のハチに刺された程度だったら大丈夫だろう」と、あまり深刻には考えなかった。しかし、すぐにまた横になってしまい、とても苦しそうな状態から徐々に反応がなくなっていくのを見て、ようやく「これは大変なことが起こっているのかもしれない」と思いはじめた。

父の友人の話によると、安田が沢に下りた直後の午後1時50分ごろ、斜面を下っていた父親は、たまたま土の中にあったハチの巣を踏んづけてしまったらしい。2人の友人が追いついたときには、数え切れないほどのハチが父親に群がっていた。2人はすぐにハチを追い払おうとしたが、その際にひとりも手を1箇所刺されたという。父親は顔や腕などを数十箇所刺され、その場にうずくまってしまったが、再び立ち上がると自力で沢まで下りてきたのだった。

しばらくすれば回復するかもしれないという希望的観測に反し、父親は横になって目を閉じたまま、動かなくなっていく。ハチに刺されてからすでに10～15分が経っていた。

「お父さんは去年もハチに刺されているから、危ない状態かもしれない。すぐに119番通報したほうがいい」

友人のその言葉にようやく決心がつき、安田は携帯電話で救助要請をした。

父親の意識はすでになく、救急隊員の指示に従い、3人で交代しながら心臓マッサージを行なった。心肺蘇生を続けることおよそ1時間、現場に防災ヘリが到着し、父親をピックアップして出会いの丘駐車場の脇にあるヘリポートへと搬送した。そこでドクターヘリに引き継がれ、医師の処置を受けながら秩父市内へ運ばれ、さらに救急車で病院に搬送されていった。

安田ら3人は、警察の山岳救助隊による現場検証に立ち会うためにその場に残ったが、救助隊の到着を待つ間に病院から電話が入り、父親の死亡を知らされた。死因は、ハチ毒によるアナフィラキシーショックであった。

父親がハチに刺された現場は、比較的樹間の広い土の斜面で踏み跡もなく、4人がそれぞれ思い思いのルートどりで下っていた。安田が下りているときはハチの気配はまったくなかったが、運悪く父親は土中のハチの巣の真上を通過してしまったようだ。そういう意味では、避けようのない不幸な事故だったといえよう。

ハチの種類は特定されていないが、土中に巣がつくられていたことから、クロスズメバチだったと推測されている。

オオスズメバチ

国内最凶生物はスズメバチ

厚生労働省の調査によると、ハチ毒のアナフィラキシーショックによる死者は、ここ20年ほどは年に十数人〜二十数人の間で推移している。そのほとんどは、攻撃性も毒性も強いオオスズメバチとキイロスズメバチによるものと考えられる。クマの襲撃による死者が年間0〜数人であることと比較すると、かなり多いといっていい。国内最凶生物はスズメバチ、といわれる所以《ゆえん》である。

ただし、アナフィラキシーショックを引き起こすのはスズメバチ類のみではない。アシナガバチ類やミツバチ類など、毒を持つほかのハチに刺されても、アナフィラキシーショックに陥る可能性はある。

ハチによる刺傷被害を防ぐには、ほかの野生生物と同様、なるべく遭遇しないように注意して行動する必要があるが、厄介なのはハチ類のほとんどは営巣《えいそう》するということだ。通常、野生生物は人間を恐れていて、人間の気配を感じ取ると、たいてい野生生物のほうから逃げていく。しかし、ハチの場合は巣があるので、それを放棄して逃げるわけにはいかないし、巣を持って逃げることもできない。そこで巣を守るために、接近してくる人間にハチは集団で襲いかかってくる。

警告段階によって逃げ方は変わる

といってもいきなり無差別に攻撃してくるわけではなく、たとえばスズメバチ類の場合、攻撃に至るまでに何度か「巣に近づくな」という警告を発する。野山を歩いているときに、周囲をハチが飛び回っていたら、近くに巣がある可能性が高い。それに気がついて巣から離れていけば、ハチもつきまとってこなくなるが、気づかずにさらに近づいてしまうと、数匹のハチが高い羽音を発してあたりを飛び回る。あるいは目の前でホバリングしながら大顎《おおあご》をカチカチ鳴らし、毒液をピュッピュッと噴射して威嚇《いかく》することもある。

このときに手で追い払おうとしたり、慌てて身をよじったりすると、ハチは自分たちが襲われたと思って怒りを増幅させ、攻撃を仕掛けてくる。素早い動きはハチを刺激してしまうので、しゃがむなどして姿勢を低く保ち、ごくゆっくりとしたスピードでその場を離れるか、動かずにじっとしていてハチが飛び去るのを待つのがいいとされる。

万一、ハチの警告に気づかずに巣のすぐそばまで接近したり、うっかり巣に刺激を与えたりすると、ハチはいっせいに襲いかかってくる。そうなってしまったら、とにかく全力で逃げるしかない。ハチの攻撃範囲は、最も危険なオオスズメバチでも80メートルほどといわれており、一定の距離をとれば襲ってこなくなる。

ただ、山道は舗装道と違って石や岩、木の根などの障害物があちこちにあり、急いで逃げるのは容易なことではない。２０２０（令和２）年9月22日、佐賀県有田町《ありたちょう》の竜門峡《りゅうもんきょう》付近で起きた、登山中の60〜70代の夫婦２組がスズメバチに襲われた事故では、ひとりの男性がハチを追い払おうとした際に沢に滑落し、腕を骨折するケガを負ってしまった（ほかの３人は刺されただけの軽症ですんだ）。

森林総合研究所がまとめた『森林レクリエーションでのスズメバチ刺傷事故を防ぐために』という小冊子では、退路が限定されるようなケースでは、〈首から上を服などでかくし、肌が出ているところをできるだけ少なくして、身をかがめ、その状態のまま、その場所から少しずつ遠ざかりましょう〉としている。

山では黒いウェアを避け、匂いカットで対策を

クマ除けスプレー同様、スズメバチに効果のある殺虫スプレーも市販されているので、逃げ切れそうにないときに用いるのも手だ。知り合いの山岳救助隊員は、「訓練や遭難者の捜索で山に入るときにスプレーを携行している」と言っていたので、それなりに有効なのだろう。ハチは体にとまってから刺してくるので、とまった瞬間、刺される前に掌《てのひら》でバシンと叩きつぶすのも効果的だという。ただし、どちらの方法にしても、数十匹ものハチが一気に襲いかかってきたときには、焼石に水だろう。

登山中のスズメバチによる刺傷被害としてよく見られるのが、遠足などの集団登山やトレイルランニング大会中における事故である。２０１７（平成29）年10月15日、新潟県上越市で開催された「くわどり謙信公トレイル」のレース中に、登山道を走っていた参加者の男女計24人が相次いでハチに刺された。いずれも軽症ですんだが、うち女性２人は、唇の腫れや喉の違和感を訴え、病院に搬送された。

巣が登山道の近くにある場合、少人数が短時間で通り過ぎるぶんには問題ないが、大人数が時間をかけてばたばたと通過することで、ハチを刺激してしまうのかもしれない。とくにオオスズメバチやクロスズメバチは土の中に営巣することもあり、気づかずに通過した際に刺激を与えて刺されるというケースも散見される。まして大人数で通過すれば、なおさらリスクは

高くなる。先のトレイルランニング中の事故も、刺したのはクロスズメバチと見られており、事前にスタッフが何度かコースを下見したときにはハチは確認されなかったが、本番当日にはハチが反応して大勢の人が刺されてしまった。

このように、ハチとの遭遇を回避するのはなかなか難しいのだが、せめて「ハチがつきまとうように飛んでいたら、速やかにその場から離れる」「土中に巣があることも想定し、注意深く行動する」といったことだけでも実行していれば、多少はリスクを低減させられるだろう。とくに夏から秋にかけては、働きバチが増えて外敵に対する攻撃性が高まっている。実際、スズメバチによる刺傷事故も8、9月に集中しているので、この時期にはよりいっそうの警戒が必要となろう。

なお、ハチは黒い色に反応し、髪の毛や瞳を集中的に攻撃してくる。野外で活動するときには黒い色のウェアは避け、白や黄色などの明るい色のウェアを着用するとともに、頭には帽子を被ったほうがいい。もちろん、肌の露出が少ない長袖シャツと長ズボンがベターであることはいうまでもない。ハチは服の上からでも刺してくるが、素肌を刺されるよりはまだマシだ。

また、ハチは匂いにも反応するので、化粧品や香水、整髪料、香料を含む制汗スプレーや日焼け止めクリームなどの使用はお勧めしない。これらの匂いのなかには、スズメバチに攻撃行動をもたらす警報フェロモンによく似た成分を含んでいるものもある。甘い匂いに誘われたハチが、ちょっと目を離している隙にジュースの缶の中に入り込み、それを知らずにジュースを飲もうとして唇や口の中を刺されてしまったという事例もある。想像するだけでも痛そうだ。

「患部におしっこ」はまったく効かない

さて、ハチに刺されてしまったときの応急手当だが、できるだけ毒液を絞り出したほうが治癒は早くなる。ハチの毒は水に溶けやすいので、流水で洗い流しながら、傷口を指でつまんで毒液を絞り出す。ポイズンリムーバー（有毒生物に咬まれたり刺されたりしたときに、傷口から毒を吸い出せる携帯用の吸引器具）があれば、効率よく毒を排出できる。口で毒液を吸い出すのは、口の中に傷があった場合、傷口から体内に毒が入ってしまう危険があるので、行なってはならない。

しっかり毒を絞り出したら、傷口を清潔にし、抗ヒスタミン軟膏《なんこう》かステロイド軟膏をたっぷり塗っておく。痛みを緩和させるには、冷湿布などで患部を冷やすといい。「虫刺されにはアンモニアが効くから、ハチに刺されたらおしっこをかけろ」という昔からの言い伝えがあるが、医学的な根拠はまったくない。

以上は一般的な応急手当の方法だが、ハチ毒にはさまざまな成分が含まれており、一部の人はそのなかの特定成分にアレルギー反応を示すことがある。それが、前述したアナフィラキシーで、刺された箇所の痛みや腫れ以外に、全身的な症状が出るのが特徴だ。その症状も、全身の痒《かゆ》みや倦怠《けんたい》感といった軽微なものから、血圧の低下や意識障害などのアナフィラキシーショックを引き起こす重度なものまでさまざまだが、重症化した場合は大変危険な状態に陥ってしまう。

〈アナフィラキシーによる死亡例の多くでは、刺されてから1時間以内に死亡がおきています。（中略）直接の死因としてもっとも多いのは上気道（のどなど）の浮腫（むくみ）による窒息死です。応急処置として気道の確保や人工呼吸が必要な場合があります〉（『森林レクリエーションでのスズメバチ刺傷事故を防ぐために』より）

全身症状が出た場合は、たとえ軽症であっても、短時間のうちに重症化する可能性も高いので、すぐに救助を要請して、一刻も早く医療機関での診察・治療を受けることだ。

しかし、山の中ではどんなに早くヘリコプターが現場に急行したとしても、1時間以上はかかってしまい、その間に手遅れになってしまう恐れもある。

一度に大量に刺されることでも死亡する

心配な人、あるいは一度ハチに刺されている人は、医療機関で抗体検査を受けて、ハチ毒アレルギーの有無を調べておくことをお勧めする。もし判定結果が陽性であれば、「エピペン」

と呼ばれる携帯用注射キットを処方してもらえる。これは、アナフィラキシーの症状が現れたときに、自分でアドレナリン（エピネフリン）を注射して一時的に症状を緩和させることができるもので、ハチ毒アレルギーのある登山者にとっては必携装備といっていい。

ただし、陰性であってもアナフィラキシー反応を起こすこともあるというので（逆もまた然《しか》り）、検査結果はあくまで目安と考えるべきだろう。

また、ごくまれなケースではあるが、アナフィラキシーショックを起こさなくても、ハチに刺されたことが直接的な原因となって命を落としてしまうこともある。

２０１９（令和元）年９月10日、和歌山県日高郡由良町《ゆらちょう》で、家族と農作業をしていた78歳の男性が、ひとりで山の中に入っていき、その後、山中で亡くなっているのが発見された。男性の周囲にはスズメバチが飛んでいたが、顔に刺された痕跡がなかったので、発見者は「熱中症でも発症したのか」と思ったそうだ。ところが、検死の結果、胸部を中心に両腕両足と背中に、スズメバチに刺されて赤黒く内出血していた部位が60箇所確認された。さらに解剖してみると、１２５箇所以上も刺されていたことが判明したのだった。

男性にアナフィラキシーショックの症状は認められず、死因はハチに刺されたことで血液が巡らなくなったことによる急性循環不全と診断されたという。

これと同様の事故が、２０１７（平成29）年９月11日にも起きている。この日、愛媛県大洲《おおず》市長浜町で、デイサービスの利用後、職員に自宅まで送ってもらっていた87歳の女性が、帰路の途中で大量のスズメバチに刺されるという事故が起きた。女性は男性職員に付き添われて、電動車椅子で自宅へ向かっていたが、自宅近くの空き家付近を通りかかったときに、突然スズメバチに襲われた。

最初に付き添いの職員がハチに刺されたため、女性の乗った車椅子を動かして避難しようとしたが、次の瞬間にはたくさんのハチがいっせいに襲いかかってきた。職員は「とても自分ひとりでは助けられない」と判断し、その場を離れて施設に連絡を入れ、施設から消防に救助要請が入ったが、救急隊員が現場に駆けつけたのは、事故発生から約50分後のことであった。女性は全身を約１５０箇所刺されており、翌日、多臓器不全のため死亡が確認された。

どちらのケースも、大量のスズメバチに全身を１００箇所以上も刺されたことによる重度のショックで、体の生命維持機能が損なわれてしまったのだろう。前述したように、山の場合、障害物の多い登山道や急峻《きゅうしゅん》な場所では、素早く退避するのはなかなか難しく、ハチの大群にいっせいに襲われたらひとたまりもない。

野外でハチに刺されるのはそれほど珍しいことではなく、たとえ刺されても軽症ですむケースがほとんどであるが、状況によっては命に関わってくることもある。たかがハチと、決して侮《あなど》ってはならない。

II
無知が怖い

厳冬の富士山にて遭難者救助

観光客からエキスパートまで、みんなが目指す山

標高日本一の富士山が我が国のシンボル的存在であることに異論を挟む人はいないだろう。たとえば、日本人は〝富士山に登ったことがある人〟と〝ない人〟に二分され、しばしばその話題で盛り上がったりもする。日本に生まれたからには、生涯に一度は登っておくべき山、それが富士山だといっても過言ではない。

その富士山の山頂に至る一般ルートは、山梨県側からの吉田ルート、静岡県側からの須走《すばしり》ルート、御殿場《ごてんば》ルート、富士宮《ふじのみや》ルートの計４本。最もポピュラーなのが吉田ルートで、首都圏からのアクセスがよく、山小屋も多い。ついで人気が高いのは、山頂までの距離がいちばん短くコースタイムも最短の富士宮ルート。須走ルートは〝砂《すな》走り〟と呼ばれる砂礫《されき》の急斜面を下るのが特徴で、御殿場ルートは距離・コースタイムともに最も長い。

富士山の登山者数は、世界文化遺産への登録が現実味を帯びてきた２００８（平成20）年ごろから急に増え出して〝富士山ブーム〟と呼ばれるようになり、２０１３（平成25）年の登録以降は年間20万〜30万人の間で推移している。ただし、新型コロナウイルスの感染拡大の影響

を受け、２０２０（令和２）年は全ルートが閉鎖となり、再開された２０２１（令和３）年は約７万９０００人にとどまった。

　さて、富士山の山開きは例年、山梨県側が７月１日、静岡県側が７月10日で（残雪状況などで変わることもある）、山じまいとなる９月10日までの２ヶ月間ほどが一般登山シーズンとなる。各コース上にあるほとんどの山小屋の営業期間もこの約２ヶ月間だけで、シーズンが終わると小屋は閉ざされ、登山道の標識や携帯電話の臨時中継所も撤去される。環境省が毎年発表している登山者数も、この期間中のみを計上したものである。

　９月中旬から翌年の６月末までのオフシーズンには、警察や地元自治体が「登山禁止」「登山道は通行止め」などとアナウンスをし、各登山道の登山口に「立入禁止」の看板も設けられる。しかし、この規制に法的な拘束力はなく、実質的には登りたければ自由に登ることができる。実際、オフシーズンの富士山に登ろうとする登山者は、夏山シーズン中に比べれば圧倒的に少ないものの、それなりの数にのぼる。

　とくに冬の富士山は雪上登山技術（雪山に登るための歩行技術や、ピッケルを使った滑落停止技術など）のトレーニングの場として昔からよく知られており、ほかのエリアに先駆けて雪が積もる11月下旬〜12月の初冬の時期、社会人山岳会や大学山岳部、ガイド登山の講習会などのパーティが多く訪れ、雪上技術の修得に励む。

さらに年末年始には初日の出を山頂で迎えようとする登山者が、厳冬期には海外登山のトレーニングを行なうエキスパートが、そして残雪期にはバックカントリーを楽しむスキーヤーやスノーボーダーが、入れ替わり立ち替わり富士山を目指す。

富士山を訪れるのは、夏山シーズン中の登山者や観光客だけではない。このように、一年を通して、さまざまな目的のさまざまな人たちを富士山は受け入れているのである。

「誰でも登れる山」のイメージとは異なる冬の厳しさ

ただし、富士山の自然環境の厳しさについては、正しく認識されているとはいえないようだ。夏山シーズン中の、山頂で御来光《ごらいこう》を拝もうとする老若男女が登山道に列を成している映像がたびたびニュースなどで流れるせいだろう、誰でも容易に登れる山というイメージが広く浸透しているように感じる。

だが、最短コースの富士宮ルートでさえ、標準的なコースタイムは約８時間。自分の足で登って下りてこなければならない標高差は約１３００メートルに及ぶ。しかも、山頂付近の酸素濃度は平地の約３分の２。体に負担がかからないわけはなく、高山病になる人が続出し、年間０〜６人程度が夏の富士山で命を落としている。

まして季節が冬ともなれば、自然環境はいっそう過酷となる。富士山は周囲に目立った高い山のない独立峰であるうえ、標高が４０００メートル近いため、風が強く寒さも厳しい。厳冬期の風はときに風速40メートルにも達することがあり、予測不能な突風も吹く。その風に磨き上げられた積雪はカチンコチンに固まり、アイゼン（金属製の爪が付いた登山用具で、氷雪上でのスリップを防止するために登山靴に装着して使用する）の爪も食い込まないほどだ。

かつて、春の富士山で５００メートル滑落し、奇跡的に九死に一生を得た男性は、雪のある富士山をこう形容していた。

「富士山は巨大な滑り台みたいなもの。一度滑り出したら止まらない」

２００９（平成21）年12月、元Ｆ１レーサーの片山右京は、南極大陸の最高峰・ビンソンマシフに登るために、仲間２人とともに富士山で高所トレーニングを実施したが、御殿場ルートの6～7合目あたりで幕営中に、テントが強風で吹き飛ばされるというアクシデントに見舞われた。飛ばされたのは仲間２人が入っていたテントで、片山のテントは無事だった。事故発生後、片山は現場から２００メートルほど下方で破れたテントと２人を発見し、自力救助に努めたが、２人とも還らぬ人となった。

この例にとどまらず、過去に冬の富士山では〝ベテラン〟と呼ばれる多くの登山者が命を落としている。登山の経験をある程度積み、山の知識を学んだ者ならば、冬の富士山の特殊性を理解し、自分たちに登るだけの技術が備わっているのかどうか考え、登るのであれば準備万端整えて挑もうとする。それでも事故が起きてしまうところに、冬の富士山の過酷さが垣間見える。

滑落事故の一部始終が全世界に生配信された

しかし、ベテラン登山者の事故よりも問題なのは、冬の富士山の怖さをしっかり認識していなかったり、観光地化された夏のイメージを抱えたままやってくる人たちによる事故だ。実際、登山経験の少ない初心者の技術・知識不足による事故、あるいは明らかに装備や計画が不充分だと思われる事故は、あとを絶たない。

そこで、環境省や静岡・山梨両県などで組織する、富士山における適正利用推進協議会が２０１３（平成25）年7月に策定したのが、「富士登山における安全確保のためのガイドライン」だ。これは、夏山シーズン以外に安易に入山しようとする者を規制するためのもので、「万全な準備をしない登山者の登山禁止」「登山計画書を必ず作成・提出」「携帯トイレを持参し、自らの排泄物を回収し持ち帰る」という３つのルールを呼び掛けている。

だが、このガイドラインに罰則規定はなく、無知・無謀としか思えない事故は今も散見される。たとえば、吉田ルートから山頂を目指した男子高校生が、日没により身動きがとれなくなり、母親を通じて救助を要請するという事故が起きたのは２０１６（平成28）年４月のことだ。

男子生徒に冬山登山の経験はなく、冬山装備も不充分で長靴に軍手という軽装だった。

信じ難いのは２０１９（令和元）年10月28日の事故である。この日、47歳の男性が吉田ルートより入山、動画配信サービス「ニコニコ生放送」で登山の様子をライブ配信しながら山頂を目指した。しかし、午後2時半過ぎ、雪が積もった山頂付近を登高中に滑落、その瞬間はインターネットを通じて全世界に配信されたのだった。

その動画の最後のほうには、もう間近らしい山頂を目指して歩きながら、

「指やべぇ。指、感覚がないからね」

「うわぁ滑る。ここ滑るな。ちょっと危険」

「斜度が30度ぐらいあるけど。ちょっと待て。滑るなぁ。危ないなぁ」

「ちっちゃい岩を伝っていこう」

「道合っているの。そうとう埋まっているんだけど、雪で」

「ここも危ないなぁ」

などと話す男性の声が録音されている。ルートは硬い雪に覆われ、画面左下が谷側斜面だ。そして「あっ、すっ、滑る」と言った直後、「うわぁ」という声とともに画像が乱れ、雪の斜面、空、男性の足、男性が持っているストック、岩などが回転しながら写り込んだのちに配信はストップした。

この動画の視聴者からの１１０番通報を受け、山梨・静岡の両県警山岳遭難救助隊が捜索を開始し、男性は２日後に遺体で発見された。発見場所は、須走ルート７合目の山小屋から８００メートルほど南の、標高約３０００メートル地点。標高差８００メートル近くを岩などに激突しながら落ちたため、遺体は損傷が激しく衣服もぼろぼろで、身元を特定できたのは約２週間後のことだった。

動画を見るかぎり、男性はピッケルやアイゼンなどの冬山装備は携行していなかったようで、警察関係者も「冬の富士登山ができるような装備ではなく、軽装だったようだ」と新聞にコメントしている。

山好き大学生2人の年越し登山

大きなニュースとなったこの事故の記憶もまだ新しい同年12月31日の夜、御殿場ルートからの富士山登頂を狙って行動を開始した２人の大学生がいた。川口達也（22歳）と萩谷《はぎや》将成《まさしげ》（21歳）である。

川口は小学校低学年のころに家族で丹沢の山に登ったのがきっかけとなって、山登りを始めた。山好きな父親たちのグループが計画する山行についていくうちに山が好きになり、山岳部などには所属せず、個人的な趣味として登山を続けてきた。工業系の大学で所属するのはフォーミュラレーシング部で、山とはまったく関係ない。山の技術や知識は独学で身につけた。

萩谷は小学校5年生のときに父親といっしょに北アルプスの燕岳に登ったのを機に山に惹かれていった。中学・高校一貫の男子校で、6年間を通して山岳部で活動し、大学で所属している探検部では部長を務める。

2人が通う大学は別で、川口のほうがひとつ歳上だが、アルバイト先が同じアウトドアショップだったことから知り合い、いっしょに山に行くようになった。これまでに2人でやってきたのは、夏の飯豊《いいで》連峰縦走や北アルプス・赤木沢での沢登り、谷川岳や八ヶ岳での冬山登山など。そのほかジムでのボルダリングやクライミング、東京近郊での沢登りなどにも同行する。

川口は、「登ることに関しては、トップがとれれば（山頂に到達できれば）なんでもいい」という考えで、ジャンルを問わず幅広い登山を実践している。萩谷は、かつては縦走登山が主体だったが、今は登攀《とうはん》系の登山が多い。富士山に関しては、川口が3回、萩谷が1回、それぞれ無雪期に登っているが、積雪期はこのときが初めてだった。

「もともとは2月の厳冬期の富士山に、もうひとりの仲間を含めた3人で登る計画だったんですが、その前に一度、積雪期の富士山を経験しておいたほうがいいという話になり、入山者が多い年末年始に前倒しで登ることにしたんです」（萩谷）

もうひとりの仲間は都合が合わず、結局2人で行くことになった。計画を立てるにあたっては、山梨県の出身で、〝登山界のアカデミー賞〟とも呼ばれるピオレドール賞（優秀な登山家に贈られる国際的な賞）を日本人として初めて受賞した山岳ガイドの天野和明にお世話になった。彼が勤務する登山用品店の石井スポーツを訪れて、いろいろと相談に乗ってもらった。

当初、２人は山梨県側の吉田ルートから山頂を目指すつもりでいたが、「御殿場ルートのほうが、若干傾斜が緩《ゆる》く、風の乱れも少ない。２人のスキルや天候コンディションを考えると、吉田ルートよりも御殿場ルートのほうがいい」とアドバイスされ、約１ヶ月かけて計画を修正した。

「御殿場ルートにすると、行程が延びて体力勝負になります。ただ、自分たちは、冬山の経験はいちおうあるけど、ほかの社会人山岳会の人たちのように卓越した技術はありません。それはわかっていたので、技術をある程度、体力でカバーできるルートから登ろうということで、御殿場ルートを選びました」（萩谷）

２人は12月30日の夜に車で東京を発ち、御殿場ルートの登山口へと向かった。登山口の御殿場口新５合目へは県道１５２号線が通じているが、11月下旬〜4月下旬は冬期閉鎖となるため、太郎坊洞門《たろうぼうどうもん》までしか車で入ることはできない。そのトンネルの先にある駐車スペースに着いたのが、日付が変わって31日となった夜中のこと。ほかに5台ほどの車が停まっていた。

予定では、仮眠をとったのち早朝から行動を開始し、その日は8合目あたりにテントを張って1泊、年が明けた元日に登頂して下山するつもりだった。しかし、現地に着いてみると風が強く、高層天気図を見ても上部ではかなりの強風になることが予想された。そこで計画を変更し、車の中で昼寝をするなどして長い時間をやり過ごし、夜を待って登りはじめることにした。

「夜間に行動して元日の午前中に下りてくる、と。スピード的には行ける自信があったので、弾丸（休憩などをあまりとらずに一気に山頂を目指すという意味）で行こうという計画に変更しました」（萩谷）

午後7時52分、真っ暗闇のなか、ヘッドランプを点けて行動を開始した。天気はよく星も見えており、風もそれほど強くはなかった。小一時間ほど歩いて御殿場口新5合目に出たのち、ほぼ夏道どおりに登っていった。２人のペースはかなり速く、細かな火山礫《れき》が堆積している大《おお》砂《すな》走りに入るころまでには７、８人の登山者を追い抜いた。大砂走りの標高２３００メートルあたりからしばらくは、登りやすいルートどりをして、登山道と下山道のほぼ中間あたりにルートをとった（御殿場ルートの夏道は登りと下りで道が別になっている）。前方にはほかの登山者のヘッドランプの灯が４つほど見えていた。

体感風速30メートルの暴風に阻まれる

午前1時20分ごろ、標高２７００メートルに差し掛かったあたりで積雪が現れはじめ（それまではほとんど雪はなかった）、風も強くなってきたので、アイゼンを装着した。

風は高度を上げるに従いどんどん強まってきた。その風に磨き上げられた積雪は、つるつるの氷と化している。

「出発前にアイゼンの爪をヤスリで研いでバシバシに鋭くしてきましたが、氷が硬いところでは爪が２ミリぐらいしか入りませんでした。だから一瞬たりとも気が抜けません。でも、その箇所から数十センチずれればがっつり入るところがあるので、そういう箇所を見極めながら登っていきました」（川口）

しかし、３０００メートルを越えるといっそう風が吹き荒れ、飛ばされた小石や氷の塊がヘルメットに当たってカツカツと音を立てた。それまで休憩はほとんどとらず、水分を補給するときに小休止する程度にした。不安定な足元と絶えず吹きつける強風のもとでは、休まずにぶっとおしで歩き続けるほうがまだ安全だった。７合５勺《しゃく》の手前にある山小屋、わらじ館まで来たところで、軒下に体が半分入るぐらいの雪洞を掘って初めて長い休憩をとったが、寒さは非常に厳しく、体を動かしているほうがマシに感じた。

休憩を切り上げ、２人は再び山頂を目指したが、前にも増して凄《すさ》まじいばかりの風が吹き荒れていた。体感の風速はマックスで30メートル。立っているのも無理なくらいで、下手をすれば吹き飛ばされてしまいそうだった。

標高３２００メートルに達した時点で、「これ以上、登り続けるのは危険だ」と判断し、撤退することを決めた。自分たちよりも早い時点で登頂を断念して下りはじめるパーティもあったようだった。あとあと振り返り、登頂できなかった大きな要因として、２人は「計画よりもペースが速すぎた」ことを挙げる。

「ふだんよりもかなりスピードを落として登っていたつもりでしたが、もっともっとゆっくり登ればよかったと思います。結局、いちばん風が強い時間帯に、いちばんいたくない場所にいてしまいましたから。もうちょっとペースを落としていれば、条件はよくなっていただろうから、登頂できたかもしれません」（川口）

「あそこで停滞していれば、頂上を狙えたと思いますが、とても停滞できる環境ではありませんでした。富士山は、上のほうに行くと停滞する場所がないので、最初からペースを調整していかないと、上で大変な目に遭うということを知りました。やっぱりペース配分のミスだったと思います」（萩谷）

　下りようと決めたからには、長居は無用である。まだ真っ暗な午前3時57分、２人はたどってきたルートを下りはじめた。川口が携行していたアクションカメラ（ハンズフリーで撮影できる小型のデジタルビデオカメラ）には、そのときの模様——暗闇のなかに蠢《うごめ》くヘッドランプ、飛行機の轟音のような風の音、白く照らし出される雪面、アイゼンが雪を踏むざくざくした音など――が生々しく記録されている。

「風が強すぎて無念の撤退です」

「また次回に山頂はとっておきます。バイバイ山頂」

「気温はマイナス15度ぐらい。風速30メートルだと、体感はマイナス45度です」

「風さえなければ山頂まで行けた」

「体調も万全だった」

「命には代えられませんからね。生きていればまた来られますから」

「さっさと下りて温泉に入るのがいちばんですよ」

そんな会話を交わしながら下山している最中にも、急に突風が吹き、飛ばされないように2人は耐風姿勢をとる。その映像からは、冬の富士山の容赦ない厳しさがひしひしと伝わってくる。

信じられない軽装の男性に遭遇

下りはじめて1時間も経たない4時45分ごろ、川口が先行し、斜めうしろに萩谷が付いて標高約2820メートルあたりまで来たときに、遠目にヘッドランプの灯が見えた。その灯を見て、2人はほぼ同時に「ん、なにかおかしいぞ」と感じ取った。登ってくる登山者であれば、ヘッドランプの灯はほぼ平行に動くはずなのに、その灯は一箇所に留まったまま、ゆらゆらと揺らめいていた。

様子を見るため、灯のほうへ方向を変えて近づいてみると、そこには男性がひとり、四つん這いのような体勢になっていた。その姿を認めた川口は、一瞬見間違いではないかと思った。というのも、とても冬の富士山に登るとは思えないような恰好をしていたからだ。

「雨具のような上下のウェアにスキー用の手袋。ニット帽を被ってネックウォーマーをしていたけど、ゴーグルは着けておらず裸眼で、ザックも街用のデイパックでした。明らかに装備が足りないなと思いました」（川口）

「靴は断熱材が入っているようなスノーブーツで、アイゼンではなくチェーンスパイクを付けてました。ピッケルも持っていませんでした」（萩谷）

男性は、アイゼンもピッケルもないまま、なんとかここまで登ってきたが、傾斜が急になってきたことに加え、強風と寒さで身動きできなくなっていたようだった。

男性の装備を確認し、まず川口は「あ、この人死ぬな」と思い、萩谷は「なんでこれまで生きていられたんだろう」と不思議に感じたという。

最初に萩谷が「大丈夫ですか」と声を掛けると、「大丈夫、大丈夫」という答えが返ってきた。そう言われても、放っておけば命を落とすことはほぼ間違いないので、萩谷が「いや、あなたは大丈夫じゃないと思います。このままでは帰れないと思いますよ。ごいっしょしましょうか」と言い、川口も「登らせるわけにはいかないし、ひとりで下りるのも無理です」と言った。

その申し出に対し、男性は「このまま登る」とは言わなかったが、「ひとりで下りられる」と言ってきかなかった。しかし、「ひとりで下りるのは無理だから」と根気強く諫《いさ》め続けた結果、説得に応じ、川口と萩谷がフォローしながら下山することになった。

初心者を救助しながら命がけの下山

下山を始める前に、男性が「寒い寒い」と繰り返していたので、まずザックを下ろさせて川口のダウンジャケットを着せ、簡単なバイタルチェックを行なった。そしてスリング（クライミングに用いるナイロン製などの輪状のロープ）を男性の上半身に巻きつけて簡易ハーネス（クライミングで安全を確保するために体に装着するベルト状のもの）とし、川口と萩谷がそれぞれの体をスリングで男性のハーネスと結び合った。これは、男性が足を滑らせたりバランスを崩したりしたときに、２人が咄嗟《とっさ》にスリングを引っ張って男性が滑落しないようにするための措置であった。

「それでも判断はグレーだったかなと思います。基本的に、コンティニュアス（２人以上がロープで繋ぎ合いながら同時に行動する登山技術）で冬の富士山を下るのはナシでしょう。颪の乱流があるような場所で、突風に翻弄《ほんろう》されているような状況下では、（滑落したら止められないから）僕と川口さんでもやりません。ただ、介入することを決めた以上、僕たちも腹を括《くく》りました。あの状況（急斜面と風）では救助を呼ぶのは無理だと考え、まず〝移動すること〟を優先させたんです。移動するにあたっては、とにかくコケさせないことに留意しました。コケたら止められないし、助かりません。そこで、スリングを使ってコンティニュアスで下ろすことにしました」（萩谷）

男性には萩谷がピッケルを渡し、ピッケルの持ち方・使い方から歩き方、耐風姿勢のとり方までをその場で教えた。ひととおり教えた直後に突風が吹きつけ、男性が滑落しそうになったが、川口がスリングにテンション（張力）をかけて止めた。

この時点では風速20メートルほどの風が時折吹いており、斜面もまだ急だった。下界に遠く街の灯が見える闇のなか、川口と萩谷は男性を確保しながら下山を開始した。男性は斜面に正対し、あとずさりするように小さな歩幅で少しずつ斜面を下りていった。男性の左斜め上からは萩谷が、右斜め上からは川口が、男性に結びつけたそれぞれのスリングを引っ張りながらバランスを崩させないようにした。それでも男性は何度もコケそうになり、そのたびにスリングにテンションをかけて体勢を立て直させた。突風が吹いたときには川口と萩谷が耐風姿勢をとって滑落するのを防いだ。

うしろ向きでそろりそろりと下りているため、距離はいっこうに稼げない。標高約２８２０メートル地点から２６５０メートル地点まで下りるのに、１時間もかかってしまった。この方法ではあまりにも時間がかかりすぎた。自力で下りるにはそれ以外に方法はないのだが、時間が経てば経つほど体力は消耗し、緊張感も低下してリスクは高まっていく。

１時間かけて下りた場所は、ちょうど谷になっている大砂走りのど真ん中だった。風で飛ばされてきた雪が吹き溜まっており、傾斜もそれほど急ではなかった。あたりはまだ暗かったが、空は白みはじめていて、夜明けが近づいていた。１時間前と比べると状況は多少よくなっており、川口と萩谷はここで救助を要請することを決断、午前５時50分に静岡県警に１１０番通報をした。

応対した警察官に、川口が現在地のＧＰＳの位置情報と標高、そして夏道から何メートルずれているのかを伝えると、「自力で登山道にもどれないのか」と言われた。どうやら３人全員がルートミスをして遭難していると思われたようだったので、「僕らが遭難しているんじゃなくて、ここに遭難者がいるんです」と再度説明した。状況を理解した警察官は、「停滞できる場所になるべく留まっていてください。もし２人の身が危なくなったら、すぐに下山してください」と言った。

「でも、それは無理ですよね。遭難者を見捨てては帰れませんから」（川口）

110番通報することについて、事前に男性には了解を得なかった。しかし、電話を切ったあとも、男性からはとくに文句も言われなかった。ただ、「下りたい」と言ったので、川口が「僕らはもうこれ以上リスクを負えないし、あなたの命も預かれない」と返すと、それからはなにも言わなかった。

救助隊到着を待つうち、助けた2人も凍傷に

そこは風を防げるような場所がどこにもなかったので、低体温症を予防するために、ダウンジャケットを着せた男性をまずエマージェンシーブランケットで包み、ツエルトを巻きつけた。さらに体が半分隠れるぐらいの穴を掘って男性を横たわらせ、風上側にスノーブロック（硬く締まった積雪をブロック状に切り出したもの）を積んで風除けとした。そのうえで、滑落していかないようにピッケルとロープを使って雪面に男性を固定した。

また、体内で熱を産生させるために2人が持っていた行動食（パウチ入りのあんこやチョコレート）を分け与えた。男性は食料をまったく持っておらず、紅茶を入れた大きな魔法瓶だけがザックの中に入っていた。

6時40分ごろ、眼下に広がる雲海の向こうから、朝日が上がってきた。2020（令和2）年の初日の出を、2人は遭難者の救助活動中に迎えることになった。夜明け前後には放射冷却

男性にダウンジャケットを着せ、エマージェンシーブランケットとツエルトを巻きつけ、掘った穴に横たわらせた（写真提供＝川口達也、萩谷将成）

で冷え込みが厳しくなり、気温はマイナス15度ぐらいまで下がった。上部よりはまだマシだったが風も強く、耐え難い寒さを感じた。ダウンジャケットを遭難者に貸し与えていた川口は、あまりに寒かったので、あたりを走り回って体を温めた。しかし、2人とも長時間、強風に晒《さら》されているため、体温は低下し、指先などに軽度の凍傷も発症していた。

静岡県警からは、「地上部隊はすでに派遣した」「天候不順によりヘリはフライトできない」との連絡を受けていた。だが、8時45分に「天候に回復が見られるため、県警ヘリのフライトを行なう」という連絡が入った。

「冬の富士山では絶対にヘリは飛ばさないという話を聞いたことがあるので、『ヘリを出してもらえるんだ』と意外に思いました」

（萩谷）

斜面の下のほうからヘリが姿を現したのは、9時半ごろのことだ。それを見て、萩谷は「これで助かった」と思い、ジャケットを大きく振り回して合図を送ったが、ヘリは遠く雲海の上から様子をうかがっているだけで、なかなか接近してこない。どうやら気流の条件があまりよくないようだった。5回ほど3人のいるほうへのアプローチを試みたものの、ホイスト（ヘリに搭載されている巻き上げ機の一種で、ワイヤーを上下させて救助隊員や遭難者を吊り上げ・吊り下げする）が使えるほどは近寄れず、間もなくして帰投していってしまった。

「あれ？ 帰っていっちゃったよ」

「燃料が足りなくなったかねえ」

そんな話をしているところへ県警から電話が入り、「下降気流に巻かれヘリが近寄れなかった」と説明を受けた。ただ、「地上部隊は次郎坊を通過し、あと1時間ほどで到着できる見込み」とのことだったので、それに期待をするしかなかった。

10時50分になって、再び県警から連絡が入った。地上部隊が目視によりこちらを確認したという。こちらからも、救助隊らしきものが確認できた。しかし、まだかなり下のほうにいたので、見えてからが長かった。

11時20分、総勢5人の救助隊がようやく現場に到着し、ただちに救助活動にとりかかった。

そこは人を担いで下ろせるような場所ではなかったので、男性には自力で歩いてもらわなければならなかった。電話でやりとりした際に男性の足のサイズを伝えており、救助隊はそのサイズの登山靴を持ってきていた。男性が歩けるかどうか確認していたが、問題はないようだった。

男性を救助隊に引き継いだことで、川口と萩谷はようやく責任感から解放された。2人ともかなり体温が低下しており、「先に下山していい」と言われたので、男性に貸していた装備を返してもらってから下山にとりかかった。

車を停めた太郎坊洞門に着いたのが午後1時半。その約30分後に警察から電話がかかってきて、救助隊が男性を無事搬送し終えたことを伝えられた。

遭難者を頭ごなしに叱らなかった理由

改めてこの出来事を振り返って、2人は次のように印象を語る。

「日ごろからトレーニングを積んで技術を磨いていたから、このときは救助できたし、まずなにより自分たちが何事もなく帰ってこられたのだと思います。ただ、まだまだ足りないな、と。体力、スキルともにもっともっと向上させていかなければと感じました。それから、装備の重要性についても再確認しました」（川口）

「今回、判断などがうまくはまって帰ってこられたのは、これまで登山の技術や知識を教えてくださった方たちのおかげだと思っています。でも、たまたま運がよかっただけで、もうちょっと状況が悪かったら、ひょっとしたら助けられなかったかもしれません。こうしたケースの救助は、それなりの覚悟を持って介入する必要があるし、一度介入したら、そのあとずっと関わり続けないといけません。だから医療の知識や法規の知識を勉強し直さなければいけないなと痛感したので、このあと山岳医療講習を受けました」（萩谷）

2人からひととおり話を聞いて、率直に「すごいな」と思ったのは、遭難者への接し方である。もし自分が同じような状況に遭遇していたら、のっけから頭ごなしに「なに考えてんだ、あんた！」と相手を非難しているだろう。しかし、2人は怒ることなく、極めて冷静に対応した。自分たちの命でさえ危険に晒されているなかで、それはなかなかできることではない。

「山で遭難者と行き合ったときにどう対応するかというと、最初から強く出ると相手から情報がもらえなくなるので、なるべく寄り添うように、味方だと思ってもらえるように接します。そしてふつうの会話のなかから、なるべく多くの情報を引き出すわけです。このときはそれがうまくいって、最終的にいっしょに下山することに同意してもらえました」（萩谷）

萩谷が中学・高校時代に所属していた山岳部では、遭難者と遭遇した状況を想定してのシミュレーションを繰り返し行なったといい、大学の探検部でもそれを取り入れて部員たちに指導している。一般的に登山のセルフレスキューというと、主に心肺蘇生法や応急手当などの実技に重きが置かれがちだが、スムーズな救助活動を行なううえでは、このようなソフト面のノウハウも不可欠であり、今後もっと広まっていくことが望まれる。

本人の弁「休みがとれたので登ってみたかった」

２人が男性から聞き出した情報によると、登山経験は夏山のみで、それも北アルプスの涸沢（標高約２３００メートル）あたりまでのようだった。つまりはほぼ初心者であるといっていい。それがなぜいきなり冬の富士山に登ろうとしたのかというと、「これまで富士山には一度も登ったことがないから、登ってみたかった」との話だった。それを聞いて、川口は「なんで今？」と思ったという。

男性は、「この年末年始に仕事の休みがとれたので、冬山用にスノーブーツとチェーンスパイクを新しく買い揃えて富士山に来た」と言い、「夏山ぐらいだったら、ホームセンターで揃う道具で充分登れるんだ」と、２人に語って聞かせた。そうした話を、２人はあえて反論もせず、内心呆れながら聞いていた。

「登れるか登れないかといったら、ぶっちゃけ登れるだろうし、僕らもホームセンターのものを全否定するわけではない。いいものもいっぱいあるから、しっかり選べば登れると思います。でも、ちょっとホームセンターを過信していたように感じました」（川口）

だが、ホームセンターで登山用具を揃えることと、冬の富士山に登るのにピッケルもアイゼンも持たずに来るのとでは、話の次元がまったく違う。動画を配信しながら登ろうとして命を落とした男性も同じだったが、彼らには冬の富士山に対する畏怖《いふ》や警戒心のようなものが、まったく感じられない。

「行き合ったときも、まだ自分は大丈夫だと思っていたようでした。ほとんどの遭難者も同じだと思いますが、『まだ大丈夫、まだ大丈夫』と考えているうちに、引き返せないところまで行ってしまうのでしょう」（川口）

「たぶん最初のうちは〝危険な状況にある〟という自覚はなくて、僕たちがいっしょに下りることを勧めているうちに状況を理解してきたのだと思います。途中からはさすがに『ひとりで下りられる』とは言わなくなりました。でも、あのような状況になったことを後悔しているような感じではありませんでした」（萩谷）

救助要請後、救助隊の到着を待つ間は、意識をしっかり保ってもらうために、なるべく会話を交わすようにした。たとえば仕事のことだったり、下山したらなにを食べたいかという話だったり。山とは関係ない、男性が話しやすそうな、たわいもない話題を振って打ち解けようと努めた。そうしているうちに多少は心を開いたのか、話し方もくだけた感じになってきた。

ただ、救助されたのちは、男性からの連絡はいっさいなかった。警察にもなにも連絡はなかったそうだ。

登山前日に用具を買う危うい初心者たち

このケースの男性に限らず、川口と萩谷の目には、これから登山を始めようとしている人たちや、始めたばかりの初心者のなかには、あまりにも危うい人が多いように映る。アウトドアショップで接客をしていると、とくにそれを強く感じるという。

「これから冬山登山を始めようとする人が、いちばん最初に富士山に登るつもりでピッケルを手に取って見ていたので、『無理です。やめてください』と言いました」（川口）

「冬に八ヶ岳の赤岳に登りたい、という大学生ぐらいの男性4人グループが店に来たんですが、話を聞いたら夏山の経験もなかったので、本気で止めました」（萩谷）

「登山の前日になって用具を買いにくる人がほんとうに多い。夜の7時ごろやってきて、『明日、八ヶ岳に行くから、靴ください』とか。合うサイズがなかったらどうするんだろうと思います」（川口）

このような初心者が増えているのは、インターネットの影響が大きいのでは、と萩谷は考える。かつて、個人の山行記録などの情報は、山岳関係のコミュニティに所属していなければ入手できなかった。しかし今は、ＳＮＳやブログなどで大勢の人の記録をなんでも簡単に見ることができるので、自分でも登れそうに思えてしまう。

「ＳＮＳに投稿する人の年齢で判断し、『この歳の人が登っているんだから、俺でも登れるぞ』とか。装備にしても、ネットでいろいろ検索できるので、それっぽいものを揃えたら行けるんじゃないかと思う人も少なくありません」

また、川口は、初心者の無知ゆえの危険性を指摘する。

「なかでも若い人は無鉄砲というか、自分の実力を過信しちゃっているところがあるようです。どの山でも、高尾《たかお》山《さん》と同じだろう、みたいな感覚なんですかね」

行けばなんとかなるだろう、という感覚なのだろうか。それは、登山の技術や知識を学ぶ場が少ないことも一因と考えられる。社会人山岳会や学生山岳部が衰退した今は、主に山岳関係団体や山岳ガイドらが主催する講習会がその役割を担うようになっているが、若い初心者向けの講習会自体が少ないので、技術や知識を身につけることの必要性・重要性がうまく伝わっていないのだろう。

「ただ、最低限の導きは必要かもしれませんが、押しつけるのはあまりよくないと思います。新しく山に入ろうとしている人たちが、興味を持ちづらくなるような空気はなるべくつくりたくありません。大切なのは、自分の行動に対して自分自身の理解を深めていくこと。よくいわれることですが、最終的には自己責任で登るという認識が必要だと思います」（萩谷）

標高の高低に関係なく、夏山だろうが冬山だろうが、どんな山にもリスクは存在し、ほんのささいなミスで命を落としてしまうことがある。はっきりいってしまえば、本来、山というのは危険なところなのだ。しかし、それを理解しないで、あるいは認識しようとしないまま山に足を向ける人が多いような気がしてならない。

クライミングインストラクターで山岳ガイドの菊地敏之《としゆき》は、その著書『最新クライミング技術』（東京新聞出版局刊）のなかで次のように述べている。

〈結局のところ「危険」が最も危険なのは、その危険を察知できないことにある。問題なのは、なにが危険なのかわからない、危険をシミュレーションできない、危険なことを危険なことだと考えられない、ということなのだ〉

雑誌や書籍、講演などで遭難事故防止について語るとき、私はこの言葉を繰り返し紹介してきた。山に登ろうとする者が、山の危険について無知であることは、いわば死を背負っているようなものであり、これほど恐ろしいことはない。

菊地の言葉は、登山のリスクマネジメントにおいてなにがいちばん大事なのかを、最も的確に言い表している。

Ⅲ 救助までが怖い

滝川本流四重遭難事故

日本独特の登山スタイル「沢登り」

ひとことで「登山」といっても、そのジャンルはさまざまだ。あまり標高が高くない山を歩いて自然に親しむハイキング、山頂に立つことを目的とするピークハント、稜線をたどって山頂から山頂へと渡り歩いていく縦走登山、登攀用具を使って険しい岩壁を攀《よ》じ登るロッククライミング、雪が降り積もった山に登る雪山登山などなど、登山者は自分の志向や体力・技術に応じ、それぞれの「登山」を楽しんでいる。

そんななかで、日本独特の登山スタイルとされているのが、沢を遡行《そこう》していく沢登りである。沢の地形は非常に複雑で、下流域から中流域、上流域と遡《さかのぼ》るに従い、変化に富んだ豊かな様相を見せる。白い飛沫《しぶき》を上げる急流、轟音を響かせる瀑布《ばくふ》、大小の岩が散乱した斜面、背の丈以上もある藪などが次々と行く手に現れ、あの手この手を使ってそれらをクリアしていくのは、さながらロールプレイングゲームのようだ。

一日で沢を抜けられなければ流木を集めて火を起こし、イワナを釣って夕食時の酒の肴《さかな》とする。雨さえ降らなければ沢のほとりでごろ寝して夜を明かし、翌日また沢を遡っていく。そうしてみると、沢登りは登山の総合力を最も要求されるスタイルであり、それこそが沢登りの醍醐《だいご》味《み》といっていいだろう。

講師4人、生徒5人の初級者向け沢登り教室

その沢登りの基本を教え、沢登り愛好者を増やし、沢登りの底辺を広げることを目的に、東京都勤労者山岳連盟（以下、東京労山）が企画したのが「沢登り教室」である。同教室は２００７（平成19）年より毎年開催されており、２０１０（平成22）年も例年どおりに開催することが決定された。

この年は、6月に2回の座学（机上講習）を行ない、7月9、10日に西丹沢の小《お》川谷《がわだに》廊下で、同23～25日に奥秩父の古《こ》礼沢《れいざわ》で実技講習を開催するプログラムが組まれていた。だが、6月の机上講習を終えて臨んだ1回目の実技講習は悪天候のため中止となり、7月23～25日の講習が実質的に初めての実技講習となった。

開催場所となる古礼沢は、奥秩父の最奥部、荒川の源流を成す滝川の支流のひとつであり、美渓の沢としても知られ、沢や（沢登り愛好者のことをこう呼ぶ）の人気も高い。

講習初日の7月23日午後11時～0時ごろ、埼玉県秩父市の国道１４０号沿線にある休憩施設「出会いの丘」に、講師４人（リーダーひとりとサブリーダー３人）と受講生５人の計９人が

集まり、駐車場にテントを張って仮眠をとった。翌朝は６時に起床し、各自準備をすませてストレッチングを行なったのち、６時45分に行動を開始した。

車道をたどって天狗岩トンネルを抜けた先で斜面を下降し、滝川と豆焼沢《まめやきさわ》の合流点に下り立ったのが８時。ここからいよいよ滝川本流の遡行が始まる。

インターネット上にアップされているいくつかの遡行記録を見ると、沢は比較的明るい雰囲気で、河原歩き、渡渉《としょう》(水流の中を歩いて対岸へ渡ること)、へつり(水流のすぐ上の岩壁を横移動して進むこと)、高巻き(直接登るのが難しい滝や岩場などが現れたときに、左右どちらかの斜面を迂回して進むこと)を何度も繰り返すようだ。

また、沢登りのルートの難易度は、当日の水量によっても大きく変わるが、滝川本流はもともと水量の多い沢として知られている。ちなみにこの日の天気は晴れで、１週間ほど前の７月17日に梅雨も明けていた。ただ、現場に最も近い国土交通省の「豆焼」雨量観測所における降水量データによると、23日までの１ヶ月の累加《るいか》雨量(降りはじめからの総雨量)は約３００ミリであった。のちにまとめられた事故報告書には、９人が入渓した日の沢の水量について、次のように書かれている。

〈事故発生日は、一ヶ月に３００㎜以上の降雨があったことから、当然に水量が多いことが容易に予測できた。しかし、７月の時期のこの沢では事故発生当日程度の水量はしばしば見られ

るものであり、特別に多いとは言えない〉

ネット上の遡行記録には、「水に浸かるところが多い」「腰や胸まで浸かるような渡渉やへつりを繰り返す」「どうしても泳がないと進めない箇所が出現」「泳いで取り付くが、流れが強く大変」といった表記が多く見られる。9人も、ときに腰のあたりまで水に浸かり、あるいは底に足の届かない釜（滝壺）を泳いだりしながら、くねくねと蛇行《だこう》する沢を遡っていったのだろう。

滝川本流の中流域にあたる金山沢《かなやまさわ》出合、槙《まき》ノ沢《さわ》出合を過ぎ、倒壊した釣橋小屋跡には12時45分に到着した。雁坂《かりさか》峠の黒岩尾根下部からこの小屋へは、地形図上には表記がないものの、古くからの杣道《そまみち》が付けられている。滝川本流の上流域の沢を登る沢ヤや渓流釣り師は今もこのルートを利用しており、目印の赤テープが付けられ、踏み跡も比較的明瞭だという。

日没が迫り、焦るパーティ

釣橋小屋跡から先に進み、熊穴沢を左に分け、さらに三本桂沢を右に見送ってしばらく行くと、いよいよゴルジュ帯に差し掛かる。ゴルジュというのは、沢の両岸が狭く切り立った岩壁となっている箇所のことをいう。たいていのゴルジュは閉塞感があって薄暗く、流れも速いので、なんとなく不安な気持ちにさせられることが多い。

ゴルジュ帯に入って最初に現れる8メートルの滝を、固定ロープが張ってある左岸から登り、続けて右岸に渡ると、水面から50センチ〜1メートルほど高くなった台地状の広場があった。この右岸台地に到着したのが午後4時前。出発からすでに9時間が経過していた。

山の常識からすれば、そろそろ一日の行動を終えているべき時間である。しかし、東京労山パーティは、このゴルジュ帯のさらに上流部、水晶谷と古礼沢の出合を幕営地に予定していた。ここを順調に突破したとしても、幕営予定地までは1時間以上かかる見込みで、到着は日没ギリギリのタイミングになりそうだった。この時点で、参加者のなかには、疲労から遅れがちになる者も出はじめていた。

先の事故報告書は、当日の時間経過とリーダーらの判断について、次のように指摘する。

〈足並みのそろった強力なパーティで、通常二日かかる沢を一日で踏破するような山行の場合はこのような長時間行動は珍しくないが、初級者を含むパーティの行動時間としては通常6〜7時間、遅くとも午後3時には行動を打ち切りビバーク態勢に入るのが一般的である。

参加者の疲労回復、行動食摂取のための休憩は適宜とられていたようであるが、「昼過ぎから休憩時間が短くなってきた」と参加者が証言しているように、釣橋小屋を過ぎたあたりからパーティに焦りが表れはじめる〉

〈当日の水量、パーティのスピードや初級者のフォローの頻度などによって遡行時間に差はあるものの、いずれの理由にしても釣橋小屋に着いた時点で行動開始から約6時間かかっていることを考えると、この時点で、上部ゴルジュ帯の核心部を通過し当初予定通りの幕営地へ達することができるのかと考えるべきである。

（中略）

リーダーらは、釣橋小屋までの経過時間からその先の行程を予測し、少なくともゴルジュ帯に突入する前までに、幕営地の変更を含め協議を行うべきであった〉（すべて引用ママ）

受講生が滝壺へと滑落

右岸台地のすぐ上には大きな釜を持った4メートルの滝があり、さらにその5、6メートル先には2メートルの滝が続いている。沢幅は狭く、両岸の岩場は切り立ち、そこを気泡混じりの白濁した水が勢いよく流下していた。ここが滝川本流の核心部とされている箇所で、右岸の岩壁をトラバースして通過することになる。トラバースルートには固定ロープやスリングが残置されていたが、部分的にほぼ垂直の岩壁は、水に濡れて足元がつるつると滑りやすく、手掛かりとなるような突起もほとんどなかった。

この核心部に、まずリーダーのAが取り付き、そのすぐうしろにいた講習生のO（女性・55歳）があとに続いた。Oは4メートルの滝を登り終えたところで、Aから「自分が2メートルの滝のトラバースを終えるまで待つように」と言われ、その場で待機した。Ａがトラバースを終え、Ｏが残置の固定ロープを伝ってトラバースを始めたのが午後４時５分ごろ。その直後、「あっ」というような言葉を発したと同時に、滑落して滝壺の中に落ちてしまった。場所は、足元が滑りやすい右岸岩壁の垂直になったところで、摑んでいた固定ロープに一瞬ぶら下がったが、すぐに手を離してしまった。

Ｏは激しい水流に揉まれながら、浮き沈みを繰り返していた。このとき、浮力体となるザックのウエストベルトを締めていたため、うつ伏せの体勢のままザックが水面に浮き上がり、水中に没した顔を上から押さえつけられてうまく上げられない状態となっていた。

２メートルの滝の上にいたＡは、Ｏが滑落したのを見て、すぐに自分のザックからロープを取り出し、水中のＯに向かって投げた。Ｏはロープを摑めたものの、水流が強いためＡは引き寄せることができない。Ａは力いっぱいロープを引っ張りながら、下にいるほかのメンバーに向かって大声で叫んだ。

講習生らとともに４メートルの滝の下にいたサブリーダーのＢは、滝の音にかき消されてうまく聞き取れなかったが、上でなにか異変が起きていることを察知し、ザックを置いて滝を登っていった。そこで目にしたのは、ロープを摑んだまま浮き沈みしているＯの姿だった。Ｂはすぐさま滝壺に飛び込み、Ｏの顔が水没しないように支えようとしたが、足が沢底に届かず、

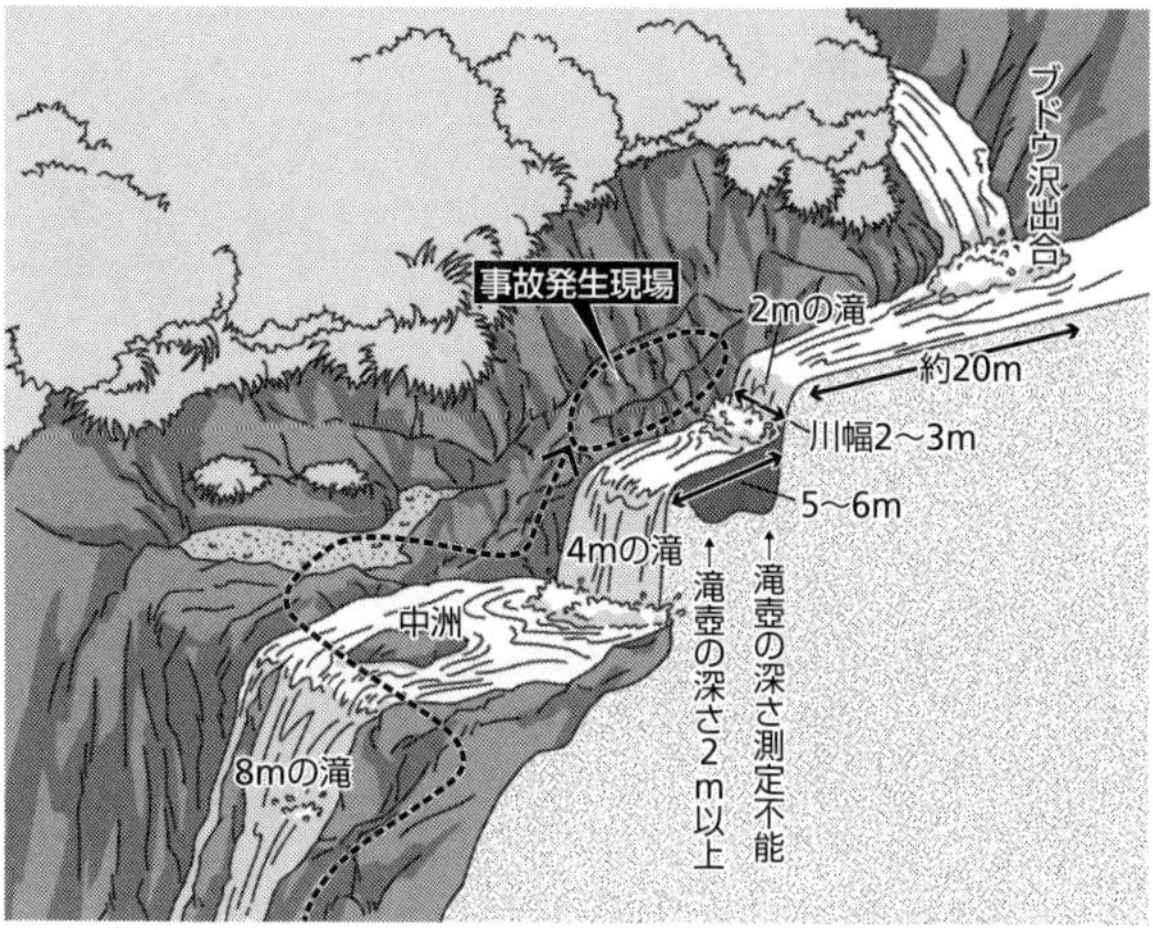

滝川本流での滑落事故発生現場

Ｏの体を支えるどころか自分自身が溺れそうになった。咄嗟にＡが投げたロープを掴んだものの、引き上げられるまでには至らず、やはり強い水流に呑み込まれてしまった。

そこへサブリーダーのＣとＤが滝の下から駆けつけてきて、固定ロープを片手で掴み、右岸から滝壺に身を乗り出し、もう一方の手でＯのザックのベルトを掴んで、なんとか水中から引き上げようとした。しかし、強い水流に逆らってＯを人力で引っ張り上げるのは、どうやっても不可能だった。沈まないように支えるのが精一杯で、Ｏは目を見開いたまま顔を水に浸けて浮いている状態であった。

そこでＣとＤは引き上げることを諦め、Ｏを４メートルの滝の下に落とし、滝下から救助することにした。Ｏの足が下流に向くように、ザックのベルトを保持しながら流れに乗せるとＯの体は滝の下に落ちていき、下で待機していた受講生に確保されて中洲に引き上げられた。

ただ、講師陣が滝の上でＯの救助に当たっている間、下にいた4人の受講生は上でなにが行なわれているのかまったくわからず、伝達や指示などもなかったという。その後、Ｏのザックの中に入っていた食料がボトボトと流れ落ちてきたのに続き、しばらくするとＯが滝壺に転落してきたので、非常に驚いたそうだ。

一方、水流に呑み込まれていたＢは、Ｏが滝下に落ちたのち、滝の落ち口付近まで流れてきたところをＣに確保され、どうにか岸に這い上がることができた。意識を失わなかったのは幸いだったが、冷たい水に浸かったことで低体温症に陥っており、その後の救助活動には参加できなかった。

必死の心肺蘇生、携帯電話は圏外

Ｏが救助された時刻は4時20分。事故発生から15分が経過していた。滝の上から中洲まで下りてきたＤは、Ｏに意識と呼吸がないことを確認後、すぐに心臓マッサージと人工呼吸によるＣＰＲ（心肺蘇生法）を開始した。途中で中洲から右岸台地に移動させ、交代しながらＣＰＲを続けるとともに、講師陣は今後の対応を協議し、ＡとＤが救助要請の連絡に向かうことになった。山深い沢のなかということで携帯電話は圏外であり、助けを求めるためには電波が通じる場所まで移動しなければならなかった。

Ａは、現場に残るサブリーダーらにＯのＣＰＲを２時間以上続けること、自分たちが戻るまでその場で待機することを指示し、午後５時40分、Ｄとともに遡行を再開した。しかし、山にはすでに夕闇が迫りつつあった。滝川本流の核心部を抜けて古礼沢のゴルジュに差し掛かったところで行動をやめ、そこでビバークすることにした。現場に残ったサブリーダーらは交代でＣＰＲを続行したが、回復が見込めないため午後７時23分に打ち切り、設営したテントにＯを収容してビバークの態勢に入った。

翌25日、ＡとＤは朝５時にビバーク地を発ち、古礼沢を遡っていって８時に古礼山の登山道に出た。そこで初めて携帯電話が通じたので、Ｄの携帯電話から１１０番通報をして埼玉県警に事故の一報を伝えた。その後、Ｄの携帯電話に埼玉県の秩父警察署から着信があり、「遭難救助隊の地上部隊は釣橋小屋から現場に向かい、Ｏはヘリで搬送する」ことを伝えられた。これを受け、Ａは現場に引き返し、Ｏを残してほかのメンバーを稜線まで誘導したのち、雁坂峠を経由して黒岩尾根を下山、Ｄは稜線上か雁坂小屋で待機することとした。

午前９時、Ａが古礼沢を下降しはじめて間もなく、稜線に留まっていたＤに秩父署から再び電話がかかってきて、「救助隊の地上部隊とヘリ２機が出動する。Ｄを含めた全員をヘリでピックアップする」と知らされた。そして9時40分、比企《ひき》郡川島町にある埼玉県防災航空センターから防災ヘリ「あらかわ1」が飛び立ち、現場へと向かった。のちにOは死亡が確認され、パーティのほかのメンバーは全員が自力で下山した。

コース選定のまずさと安全確保の不備

この事故については、東京労山が事故調査委員会を設置し、現地調査やデータ収集、関係者からの聞き取りなどを行ない、前出の事故報告書をまとめている。同書では、計画段階から事故に至るまでの過程、その後の行動を検証して問題点を洗い出し、事故が起きた要因を明らかにしているが、ひととおり目を通してまず感じたのは、コース選定に対する疑問だ。

いくつかの沢登りのガイドブックによると、滝川本流のグレードは中級者向きとなっている。しかし、中流域では腰や胸まで水に浸かる渡渉が繰り返されること、事故が起きた核心部のゴルジュ帯の難易度、稜線に抜けるまでの遡行時間などからすると、中級でも上級に近いグレードなのではないかと感じる。しかし、受講生のなかには沢登りの経験がまったくなかった者が2人、初級者レベルの者も2人いた。加えて、講師を含めて9人という大人数で沢を遡行するとなると、難所の通過では安全確保のためにどうしても時間がとられるので、行動時間がいっそう長くなることはあらかじめ予測できた。

そうしたことを考えると、初心者を対象とした沢登り教室としては、コースの選定が不適切だったのではないかという気がしてしまう。この点は事故報告書でも次のように指摘されている。

〈受講生の山行履歴や生徒数および、事前に計画された沢の中止などから総合的に判断すると、教室としてこの沢のコース選定が適切であったとは言えない〉

〈あくまで初心者向けの沢登り教室なので、沢登り経験のない人が受講することは当たり前であり、沢登り経験のない人でも（体力がほどほどでも）、十分楽しめる沢を選定する必要があった〉

また、事故の直接的な要因となったのは、核心部のゴルジュ帯を通過する際に適切な安全確保を行なわなかったことだ。現場は両側が切り立った岩壁で、表面はつるつるで手掛かりはほとんどないような場所だった。ここで講師陣がロープを取り出して後続者を確保していれば、あるいは固定ロープを張って通過する者に自己確保をとらせていれば、たとえ落ちたとしても水流に呑まれて命を落とすことはなかっただろう。

〈全体で9名のパーティが、わずか2～3メートルを通過するためにロープを出し、ひとりずつ確保しながら通過する場合、わずかな距離とはいえ相当の時間がかかる。現場には残置固定ロープがあり、時間が迫り焦るなかで、通常それらを使えば安全でありロープを出す必要は無いと考えるのは、心情的には理解できるし、誰にでも起こりうる心理状態である。しかし、この山行は「沢教室」であって、その考えは「あってはならないこと」であった〉（事故報告書より）

水についての事前レクチャーが不充分だった

もう一点、前述したとおり、水中に落ちたOは、ザックのウエストベルトを締めていたため、ザックに上から頭を押さえつけられる状態となって水面に顔を出せなくなっていた。このとき、講師陣はウエストベルトを外すかザックを体から離すように指示すべきだったが、それはなされなかったし、事前の机上講習でもレクチャーはなかった。

　このケースに限らず、沢登りでの遭難事故をいくつか取材して感じるのは、沢におけるリスクマネジメントの難しさだ。沢登りは、基本的に歩いて沢を登っていくが、その過程では岩壁や滝を攀じ登ることが多々あるので、山歩きというよりもクライミング色がかなり強い。しかし沢登りがクライミングと決定的に違うのは、〝水〟というものが介在することだ。

　沢登りの醍醐味は水の存在によって演出されていることは間違いないが、反面、ときに水は非常に危険な存在にもなりうる。たとえば水の力というのは大変強大で、大したことがないように見える浅瀬の流れを渡るときでも、気を抜いているとあっという間に足をすくわれてしまう。一般的な登山コースでも、沢を渡渉する箇所でうっかり足を取られて流れに引き込まれ、

浮力体となるザックのウエストベルトを締めていると、うつ伏せの体勢のままザックが水面に浮き上がり、水中に没した顔を上から押さえつけられ、顔がうまく上げられない

命を落としてしまうという事故がこれまでに何件も起きている。

このケースでは、水中に落ちたOにロープを投げて助けようとしたが、水流に逆らって人間を引っ張り上げることなど、とてもできるものではない。そのOを助けようとして、咄嗟に講師のBが滝壺に飛び込んだものの、すぐにBも水流に呑み込まれてしまった。結果的にBはほかの講師に助けられたが、命を落としてもおかしくはない状況だった。

そこで危険箇所を通過するときには、滑落したり流されたりしないようにロープを使って確保するわけだが、その使い方を誤ると、逆に危険な状況を招いてしまうことになる。体にロープを結びつけていても、足を取られたときにどのように流されるかはわからないし、ロープによって動きが制限されて溺れてしまうこともあるからだ。過去にはロープで確保されて渡渉しているときに流されて、体が岩と岩の間にすっぽりはまり込んでしまい、水流に押しつけられて脱出できずに命を落としてしまったという事故もあった。

だから沢登りには、岩壁を登るクライミング技術に加えて、水に対処するための独特の技術がある。しかも、その技術を、水量や沢のなかの地形などの状況によって、臨機応変に使いこなしていかなければならない。水に対するリスクマネジメントは、直接命に関わってくるものなので、このケースのような沢登り教室においては、講習生全員に基本的なノウハウのレクチャーが事前にあって然るべきだった。

〈今回の山行については、事前に講師陣の打合せ、確認の場が設けられていなかったことや、核心部の通過方法等がメンバーに徹底されていなかったことから、安全に通過する適切なアドバイスやパーティの疲労度や受講生に対するきめ細かな観察を行う等サポートを行う認識や行動が、十分でなかったと想定される〉

事故報告書でもこう指摘するように、それが欠けていたことも事故の一因といえるだろう。

救助にやって来たヘリがまさかの墜落

さて、時系列が前後して申し訳ないが、話を事故発生の翌日に戻す。ようやく携帯電話が通じて救助を要請したのち、Aは現場へと引き返していき、Dは稜線上で待機していた。そのDの耳にヘリの音が聞こえてきたのは、10時ごろのことである。このときの天気は晴れで、北西の風約2メートル。熊谷《くまがや》地方気象台の観測によると、大気の状態は不安定で、大雨・洪水・雷注意報が出ていたが、まだ悪化の兆しはなく、救助活動に支障はないものと思われた。

　だが、まったく予期していなかったことが起きた。ヘリが墜落したのだ。

「あらかわ1」には、機長と副操縦士、それに県の防災航空隊員3人が搭乗していた。10時前から捜索を開始し、間もなく事故現場を確認したが、隊員を降下させる場所がなかったため、現場に詳しい地元の秩父消防本部の隊員を合流させて救助を行なうことにした。ヘリはいったん現場を離れ、出会いの丘で秩父消防本部の防災隊員2人を乗せて再び現場へもどっていった。

　11時前、ヘリが再び現場にもどってきたのを確認し、遭難パーティのサブリーダーBが雨具を振って合図した。ヘリはゆっくりとそちらに接近し、事故のあった滝壺のやや下流、高さ約30メートルの空中でホバリング態勢に入った。ヘリのローターによる猛烈な風を受けて川から水飛沫《みずしぶき》が降り注ぎ、Bはテントが飛ばされないように支えながら、隊員2人がワイヤロープに吊り下げられて降下してくるのを見ていた。

　ところが、地上まで約1メートルの位置に達したときに異変が起きた。突然ワイヤロープが50センチほどがくっと下がり、衝撃に不意をつかれた2人の隊員は転ぶようにして着地した。

その直後、「初めて聞くようなバタバタという異常な音」がしたので、隊員が上空を見上げると、ヘリは機首を斜めに下げながら谷に落ちようとしていた。２人が急いでヘリと自分たちの体を繋いでいたワイヤロープを切り離した直後、ヘリは斜面にぶつかって沢のなかに落下していった。

　Ｂがいた場所からはヘリは死角となっていたが、墜落の瞬間を次のように振り返っている。

〈岩壁にぶつかった後、谷底に落ちたのではないか。右斜め45度に落ちていく時に、白い煙がちょっと出たような感じがした。墜落後しばらくして白い煙が出てきて、火事になるのかと思った〉（２０１０年７月26日「読売新聞」より）

　墜落したヘリの２基のエンジンからは煙と炎が上がっていた。難を逃れた隊員２人は機体に近づき、操縦席の様子をうかがいながら搭乗者に声を掛けたが、応答はなかった。Ｂらが隊員に「なにか手伝うことはありませんか」と大声で尋ねると、「大丈夫です。下がっていてください」との指示を受けた。

　一方、稜線上で待機していたＤのもとに、秩父署から「救助ヘリが墜落したので、パーティの救助は後回しになる」という連絡が入ったのは11時15分。古礼沢を下降していったＡは12時ごろ、古礼沢とブドウ沢の出合あたりでだと思われるが、ブドウ沢を懸垂《けんすい》下降してきた山岳救助隊員３人と合流し、救助ヘリが墜落したことを知らされた。このときにやはり「墜落事故の救助を優先するため、遭難者の救助はあとになる」と告げられている。

その後、Aは事故現場に留まっていたメンバー6人と合流、心肺停止状態のOを右岸台地に残して行動を再開した。そして午後7時20分、稜線上の登山道に出たのち、さらに2時間かけてようやく雁坂小屋にたどり着いた。稜線上にいたDは、その間に警察の指示を受けて出会いの丘に下山し、秩父署に移動して事情聴取を受けた。

墜落したヘリの救助活動は、この日の午後から自衛隊ヘリや群馬県の防災ヘリなどが出動して行なわれ、墜落ヘリに搭乗していた5人を救助したが、全員死亡が確認された。夕方には生存隊員2人とOも現場から搬送され、Oは病院で死亡が確認された。

翌26日、雁坂小屋に泊まった6人は自力で下山し、事情聴取後にAとBらが合同記者会見を行ない、「私たちが原因の事故。おわびを申し上げるしかない」「隊員の方には大変申し訳ないです。謝っても謝り尽くせないという気持ちでおります」などと陳謝した。

国土交通省の運輸安全委員会が、「テールローター（後部回転翼）が木と接触して壊れ、操縦不能に陥った」とする調査報告書を公表したのは、事故からおよそ1年半が経過した2012（平成24）年2月24日のことである。

〈安全委の調べでは、現場には多くの木が茂っていたため、事故機は沢の上空から、隊員2人をワイヤで降下させながら、左下の方向に10メートルほど高度を下げた。この際、機長と副操縦士が周囲を十分に見張っていなかったため、尾翼を木にぶつけ、主翼も木を巻き込んで、隊員が着地した直後に墜落したという〉（2012年2月24日「朝日新聞」より）

墜落したヘリには、左後方に死角があったという。しかし、降下位置を修正するために左方向に移動する際に搭乗員らの見張りが適切ではなかったため、尾翼と主翼が木にぶつかってしまったというわけである。また、隊員を降下させるワイヤロープは約90メートルの長さがあったが、約53メートルの長さしか使わずに機体の高度を下げたことも、木との接触に繋がったとしている。

事故取材中のマスコミが落命した「死人渕」

防災ヘリの墜落から6日後の7月31日、墜落現場を取材するため、日本テレビの記者（男性・30歳）とカメラマン（男性・43歳）が、日本山岳ガイド協会の男性ガイド（33歳）を伴って滝川に入渓した。

山岳ガイドが取材の同行依頼を受けたのは7月29日の午後3時ごろのことで、夕方になって一度はキャンセルされたが、その1時間後に「やはりお願いします」という連絡があった。現場を取材した映像は、8月1日夕方の番組で報道されるとのことだった。

3人は30日の夜、山梨県側の西沢渓谷入口付近にある道の駅「みとみ」に集合して初めて顔を合わせたが、このとき山岳ガイドは、記者がTシャツ姿で防寒具をほとんど持っていないことを知り、「現場まで行くのは難しいと感じた」という。

翌31日は、出会いの丘の駐車場に車を停めて午前6時半ごろ（6時ごろという報道もある）から行動を開始、豆焼橋を渡って林道終点まで歩き、黒岩尾根の一般登山道に入ったのち、釣橋小屋跡へと続く杣道を進んでいった。

記者とカメラマンは沢登り用の靴を履き、衛星携帯電話や無線機を携行していたものの、服装はTシャツにジャージーのズボンという軽装だった。カメラマンは国内外の山岳地での取材経験が豊富で、山岳取材班の中心的存在だったというが、歩きはじめて間もなく、山岳ガイドは2人の足取りを見て登山経験があまりないことを感じ取り、先行きに不安を覚えていた。

そこでガイドは、杣道をたどって釣橋小屋跡まで行く当初の計画を変更し、廃道を20分ほど歩いたところからロープを使って斜面を下りはじめ、約40分かけて午前8時ごろ、滝川に下り立った。「早い段階で沢の水の冷たさを体感させれば、事故現場まで行くのは厳しいと感じ取り、取材を諦めるだろう」というのがガイドの狙いだった。

ガイドの案内で沢の水流に足を踏み入れた2人は、カメラを回して沢の様子を撮影し、ガイドへのインタビューを行なった。しかし、水温は十数度しかなく、記者が「寒いですね」と言い出したため、ガイドが「これ以上進むと低体温症に陥ります」「雲行きも怪しくなってきました。コンディションと服装のことがあるので帰りましょう」と切り出した。

２人は素直にそれに従い、来たルートを戻りはじめた。ガイドはのちに「現地まで２人に来てもらったからには、一歩も進まずに初めから取りやめにすることはできなかった」（２０１０年8月1日「産経ニュース」より）と話しているが、現場へ入ることの困難さをわからせて引き返させたところまでは目論見《もくろみ》どおりだった。

だが、斜面を這い上がって林道を歩いているときに、カメラマンがこう切り出した。「尾根まで上がって、機体の見える場所がないか探したい。少し見てくるだけなので、ここでガイドを終了してもらい、自分たちだけで見てきます」

これに対してガイドは国道まで戻ってから解散することを提案し、３人が豆焼橋のたもとまで戻ったのが10時過ぎのこと。ガイドは「黒岩尾根には一般登山道が付けられているので、心配することはないだろう」と思い、「午後2時ごろまでには安全な場所に戻ってきてください」と伝えて２人を送り出した。２人は「行ってきます」と言い残し、再び山へと入っていった。

しかし、午後6時ごろになっても下山せず、登山口で待機していた報道車の運転手が日本テレビに連絡を入れ、同社が衛星電話などで連絡をとろうとしたが繋がらなかったことから、午後11時ごろ、秩父署に救助を要請した。翌８月１日、早朝から捜索に着手した埼玉県警山岳救助隊が午前9時10分ごろ、滝川本流で心肺停止状態の2人を発見、病院に搬送されたが2人とも死亡が確認された。

発見場所は、豆焼橋から上流に約2キロメートル、ヘリの墜落現場から下流に約2キロメートルの地点。「直蔵淵《なおぞうぶち》」と呼ばれる、高さ約3メートルの滝の滝壺のなかで、2人とも胸まで水に浸かり、岸に寄りかかるように仰向けに並んで倒れていた。記者には頭や顔に、カメラマンには頭や右肩に擦り傷や打撲傷などがあったが、いずれも軽いものだった。現場の50メートルほど下流では、記者の片方の靴と、カメラマンのものと見られるザックが見つかったが、取材用のビデオカメラは見つからなかった。

司法解剖を行なった警察の発表によると、死因は2人とも水死だった。当時の新聞報道などでは、周辺には滑落したような痕跡がないことから、なんらかの原因で上流部で沢に落ちて流されたか、滝壺に落ちて溺れた可能性があることを指摘している。

現場の取材を巡っては、墜落事故翌日の26日、ＮＨＫの取材班が山に入って事故現場の映像を撮影したことなどから、埼玉県警は27日に「現場周辺は険しい山岳地帯で、登山用装備なしで入山することは遭難や負傷事故の恐れがあり極めて危険。現場取材は極力控えてほしい」と、報道各社に対して書面で要請していた。これについて日本テレビは、「お騒がせしたことをおわびする」と陳謝し、「適正な装備のうえ、充分な準備をし、ガイドを付けた態勢で取材可能と判断した。結果として判断が甘かったとの指摘があれば、そのそしりは免れない」と述べた。

この事故については、技術、装備、経験、知識など、すべてが不足していたように思う。一般的な登山とは異なる沢の特殊性を、当事者たちや会社がどれだけ認識していたか……。不足していたものを補うために山岳ガイドを付けたのだろうが、残念ながら意思疎通が充分になされなかったようだ。お互いに遠慮があったのか、関係性が中途半端だった印象は否めない。

2人を案内したガイドによると、2人は8月1日に放映されるニュース番組の名前を挙げて、「土曜（7月31日）に行かないとダメだ」と話しており、急いでいる様子だったという。取材スタッフの、「なんとしてでも現場の映像を撮らなければ」という気持ちは、理解できなくもない。しかし、その挙句に命を落としてしまったのでは元も子もない。

余談だが、直蔵淵の名の由来は、その昔、直蔵という杣人《そまびと》が博打《ばくち》でひとり勝ちし、仲間の妬《ねた》みを買って、この滝壺に投げ込まれて死んだことによるらしい。釣り人の間では、かねて「死人淵」という名で通っているという。

すぐそばで起きた、有名登山ブロガーの死

こうして、東京労山パーティの沢登り教室中の遭難に端を発した一連の事故は、救助活動中の防災ヘリが墜落し、それを報道しようとした日本テレビの取材スタッフも遭難するという、

三重遭難事故になってしまった。亡くなった者は計８人。かと思われたが、実は現場近くの山中で、もうひとり命を落とした者がいた。

防災ヘリが墜落した25日、地上から現場に向かっていた埼玉県警の山岳救助隊員が午後２時半ごろ、墜落現場から１００メートルほど離れた沢でうずくまっている男性（45歳）を発見した。男性は小さな声で自分の名前を告げ、「50メートルぐらい上から落ちました」と言って意識を失ったといい、県警ヘリで病院へ搬送されたが、死亡が確認された。近くの尾根から発見現場までの高度差は約50メートルだったことから、尾根を歩いているときに誤って滑落したものと見られている。

のちに男性は、トレイルランニングや前年に起きたトムラウシ山での大量遭難事故などを主なテーマに、自身のブログで考察を発信していた人物であることが判明した。彼のブログでは、さまざまな資料や証言、生還した遭難者とのやりとりなどをもとにトムラウシ山の事故を驚くほど詳細に分析・検証し、トレイルランナーやトレイルランニングレースに対しては独特の視点からかなり辛辣《しんらつ》な持論を展開するなどして、一部では知られた存在であった。また、単に辛辣で風変わりな論客というだけではなく、自ら登山とトレイルランニングを愛し、奥多摩や奥秩父の山にも足繁く通っていた山や（登山愛好者）でもあった。

その彼が、なぜヘリの墜落現場近くにいたのか。彼は自分の車を山梨県甲州市の山中に置いて入山したという。時間的なことを考えると、入山時には東京労山パーティの事故もヘリの墜落事故も、まだマスコミで第一報が報道されていなかったはずだから、事故を知って現場に行こうとしたということはまずあり得ない。

男性は単独で沢登りもしていたようなので、最初から滝川本流周辺の沢を訪れる計画で入山したところ、たまたまヘリの墜落事故に遭遇したのかもしれない。２つの事故現場が非常に近いことから、ヘリが墜落するのを目撃して、現場へ駆けつけようとした可能性が高いものと考えられるが、ほんとうのところはわからないままだ。

男性が少なからぬ時間と労力を注いだであろうブログは、今（２０２２年4月時点）もインターネットで見ることができる。その最後の投稿には、「この2年間は自分の登山やトレーニングを犠牲にして、トレランレースとトムラウシ山の事故の考察にかなりの時間を割いてきたが、自分はちっとも楽しくはなかった。山登りは自分が楽しくてなんぼなので、もうそういうことはしない」という主旨の内容を綴り、最後にこう結んでいる。

〈今後は、私のプライベートな登山の時間を大切にするとともに、ここは私個人のささやかな登山のWebSiteとして細々と運営してゆこうと考えております〉

この記事が投稿されたのは7月24日、亡くなる前日のことであった。

前代未聞の四重遭難事故

遭難者の救助に当たっている者が遭難してしまうことを、一般に「二重遭難」と呼ぶ。救助関係者にとって、二重遭難は絶対に起こしてはならないことであり、遭難者よりも救助者の安全を最優先させるのが大原則とされている。しかし、厳しい条件のなかで懸命に人命救助を行なっていると、どこかで一線を越えてまれに二重遭難が起きてしまう。このケースでも、東京労山パーティの遭難者を助けようとした救助関係者が5人も命を落とすという最悪の結果になってしまった。

しかも、負の連鎖はそれだけにとどまらず、さらに続けて2件の事故が起きてしまう。最終的に計9人が還らぬ人となった四重遭難事故というのは、まさに前代未聞であった。

もちろん、個々の事故についてはそれぞれに独自の原因があり、互いになんら関連性はないものと思われる。沢登り教室中の事故と日本テレビの取材スタッフの事故は、計画・準備段階での不備と現地での判断ミスが重なったことによるものだった。ブロガーの事故については詳細がわからないので、原因の特定はできないが、ヘリの墜落事故は不充分な見張りによる操縦ミスが原因だった。

だが、ほぼ同じ場所で立て続けに4件もの事故が起これば、関連性がないことは理解していても、やはり因縁めいたものを感じずにはいられない。とくに最初の事故が起きた滝川本流の核心部は事故多発地帯であり、日本テレビのスタッフが遭難した場所も曰《いわ》く付きの場所であった。そんな話を一笑に付せないのは私だけだろうか。

非科学的であることは重々承知のうえでいうが、道理では説明のできない、〝なにか〟によって引き起こされた負の連鎖が、この四重遭難事故だったのではないか。その印象は否定できないでいる。

刈田岳井戸沢スキー遭難

知ってるようで知らない「バックカントリー」

昨今、スキーシーズンになると聞こえてくるのが「バックカントリー」という言葉だ。とくに遭難事故の報道ニュースで耳にする機会が増えているが、その意味をきちんと理解している者は、そう多くはない。今回は事例について述べる前に、バックカントリーとはなんなのかについて、スキーの歴史とともに簡単に紹介しておきたい。

バックカントリーとは、直訳すれば「裏山」という意味だが、一般的には管理されていない自然のままの雪山を滑ることをこう呼んでいる。これに対し、スキー場のエリア内でリフトやゴンドラを使って山頂部へ上がり、圧雪された斜面を滑り降りてくることを「ゲレンデスキー」などと呼んだりしている。

バックカントリーでもスキー場のリフトやゴンドラを利用することはあるが、ゲレンデでは滑らずにスキー場のエリア外へ出て雪山に登り、圧雪されていない斜面を滑り降りてくる。つまり自然本来の姿の雪山に登って降りてくるまでの一連の行動を、バックカントリーと呼ぶわけである。

一般に「スキー」といえば、滑降に特化したゲレンデスキーをイメージする人がほとんどだろうが、もともとは雪深い野山を効率的に移動するための雪上歩行用具であった。そういう意味では、バックカントリーは創成期のスキーに近い、クラシカルなスタイルのスキーだともいえる。

日本の登山に大変革を起こした、スキーの伝来

スキーの起源は非常に古く、紀元前1万年〜紀元前２５００年ごろにまで遡る。スカンディナビア半島や中国、ロシアなどで生活用具として、あるいは軍事用具として、長きにわたって実用に供されてきた。その後、19世紀のノルウェーにおいて斜面を滑る道具として進化し、スポーツとしても発展を遂げて、今日のスキーの原型がつくり上げられた。

日本へのスキーの伝来は、１９１１（明治44）年1月、オーストリア陸軍参謀少佐テオドール・フォン・レルヒが、新潟県の高田で陸軍軍人に指導をしたのが始まりとされている。レルヒは軍人だけにとどまらず、学校の教員ら民間への普及にも努める一方、妙高山や富士山、羊《よう》蹄《てい》山《ざん》などでスキーを利用した登山を試みた。

〈こうしてスキーは、雪上歩行具としてよりは、より強く山岳の登高・滑降具のイメージを重ねて日本に伝わった。このことが、日本の登山状況を大きく変える要因となる。スキーは高田

と旭川を起点にまたたく間に各地へ伝播《でんぱ》し、これまで無雪期に限られていた登山活動を積雪期にまで拡げ、その《絶対的必需品》の地位を占めるに至る〉（山と溪谷社編『目で見る日本登山史』山と溪谷社刊）

大正期から昭和初期にかけて、スキーを活用した雪山登山は急速に拡大し、北アルプスをはじめ南アルプスや北海道の大雪《たいせつ》・日高山系などでは、積雪期初登頂の記録がいくつも生まれた。

このように、スキーの機動力を活かして雪山に登ることを「山スキー」あるいは「スキー登山」という。そう、今のバックカントリーとほぼ同義語だと思っていい。ただ、当時はまだバックカントリーという言葉は使われていなかった。

山スキーでは、下山するときのみスキーを用いるのではなく、山麓から山頂へ向かう登りでもスキーを履いている。「どうしてスキーを履いたまま斜面を登れるのか」と不思議に思うかもしれないが、これは「シール」と呼ばれる滑り止めを板の滑走面に貼り付けているからである。

シールには、かつてはアザラシの毛皮が用いられていたが、今は化学繊維やモヘア（アンゴラ山羊の毛）が使われている。シールの毛並みは一定方向に揃っているので、毛並みに逆らう方向（うしろ）には滑らないが、逆らわない方向（前）には滑らせることができる。このため、斜面でもスキーがうしろに滑らずに登っていけるのである。

スキーが現れるまで、雪山の雪上歩行用具としてはワカン（輪かんじき）が用いられていたが、ワカンと比べると雪上での浮力はスキーのほうが圧倒的に大きく、また山頂からは滑って一気に麓《ふもと》まで降りられるので、その機動力は雪の中を歩いて登り下りするときの比ではない。厳しい雪山登山を志向する登山者たちが、スキーを積極的に取り入れたのは、当然の成り行きであった。

バックカントリーは２０００年ごろからブームに

この当時（１９２０〜１９３０年代）、日本では初めてのスキーブームが起きていたが、戦後になるとスキー場にリフトの架設が進み、マンモススキー場も開発され、またスキー用具（板・ブーツ・ビンディング）も大きく進化したことなどから、社会現象的なブームが巻き起こった。

これに伴い、ゲレンデでリフトを使って滑降そのものを楽しむゲレンデスキーヤーが増え、雪山登山の一手段としてスキーを活用する登山者との二極分化が明確になっていく。

高度成長期の１９６０年代に入るとスキー人口は１００万人を突破したが、その大半はゲレンデスキーヤーで、山スキーは一部の雪山登山者が実践するマイナーな登山の一ジャンルとなっていた。スキー人口はその後も増え続け、バブル景気の到来も追い風となって、１９９０年代前半にブームはピークに達する。

　ちょうどそのころだろうか、あるいはもうちょっと早い年代かもしれないが、リフト待ちが1時間というのも当たり前となっていたなかで、ゲレンデを滑るだけでは物足りなくなり、整備されていない雪山を滑ることに魅力を見いだすスキーヤーやスノーボーダーがぽつぽつと現れはじめた。これがのちのバックカントリーブームに繋がっていく。

　ちなみに２０１６（平成28）年3月に発表された研究論文『バックカントリースキーをめぐる安全対策の現状―条例やローカルルールによる地域対応の実態―』（関根正敏、武田作郁、小山さなえ）では、スキーブームが低迷化する２０００（平成12）年ごろから、「山スキー」に代わり「バックカントリー」という言葉が使われはじめたと指摘している。

〈以前から根強い人気があったがあくまで「山スキー」と呼ばれてきたものが、２０００年ごろから「バックカントリー」という用語とともに紹介される機会が多くなり、さらには「新雪」「自然の山中での滑り」といった魅力が提示されることで、大衆化してきたのが窺える〉

　２０００年以降、低調なスキー業界のなかでもバックカントリーはブームとなっているといわれているが、バックカントリー人口がどれぐらいいるのかは、統計データがないのでわからない。しかし、バックカントリーのツアーやガイディングに人が集まり、関連書籍や雑誌が刊行され、またバックカントリー中の事故が毎年何件も起きていることからすると、ある一定数の愛好者がいて、それなりに人気があることはたしかだろう。

登山歴豊富な3人でのバックカントリー

遠藤明利《あきとし》（仮名・35歳）が、山仲間の藤田隆《たかし》（仮名・34歳）、柏木雄一（仮名・30歳）の2人とバックカントリーを楽しむために蔵王《ざおう》に向かったのは２００７（平成19）年2月24日のことである。登山歴は、遠藤が20年、藤田と柏木が15年で、３人とも一年を通じてオールラウンドな登山（縦走登山、アルパインクライミング、アイスクライミング、フリークライミング、沢登り、バックカントリーなど）を実践していた。

24日の朝、蔵王連峰刈田岳《かった》の東麓にあるスキー場「すみかわスノーパーク」に集合した３人は、リフトを乗り継ぎ午前11時にゲレンデトップから登高をスタートした。滑降用具は、遠藤がテレマークスキー、藤田がスノーボード、柏木がアルペンスキーと、三者三様であった。

この日の天気は雪で風も非常に強く、視界は１５０メートルほどだった。ただ、悪天候は昼ごろまでで、その後は徐々に回復に向かうという予報だったので、出発可能と判断した。ルートにはトレース（踏み跡）や目印がつけられており、12時半には刈田岳山頂に到着した。山頂の気温はマイナス10～11度で、相変わらず風は強く視界も悪かった。

３人は山頂に建つ刈田《かった》嶺《みね》神社の陰でしばらく休憩したのち、ビーコントレーニングを行なった。ビーコンとは雪崩《なだれ》ビーコンのことで、雪崩に巻き込まれて埋没してしまった際に、電波によって埋没位置を特定するアイテムだ。バックカントリーでは、雪崩ビーコンは必須の個人装備とされているが、適切に使いこなすにはトレーニングを繰り返す必要がある。

　そのトレーニングを終え、頂上をあとにしたのが午後1時50分。計画では、登ってきたルートの南側にほぼ平行して流れる井戸沢を滑降し、聖山平《せいざんだいら》に出て４時ごろにスキー場にもどることになっていた。

　井戸沢源頭《げんとう》までは、強い風雪のなかGPSを頼りに進み、源頭からいよいよ滑降を開始した。滑り出しはガリガリのクラストした（積雪の表層が硬くなっている）斜面で、滑落に注意して慎重に滑ったが、沢状地形のなかに入ると風はしだいに収まってきて、蔵王エコーライン（山岳道路）を横断したあとは快適なパウダースノーに変わった。

雪洞で逆さ宙吊り、頭の下は極寒の沢

　滑りやすい雪質となって快調に滑り降りていくと、前方に３メートルほどの段差が現れた。先頭を滑る遠藤がそれに気づいて止まり、後続の２人に注意を促した。段差の下には、雪面に直径30センチほどの穴が開いていて、水溜りのような水面が見えていた。雪が少ないシーズンだったのか、沢が完全に埋まっていなかったようだ。

遠藤と藤田は段差の上でトラバースして左岸から右岸に移り、柏木は反対側の左岸からここを回避しようとした。そのとき、急斜面の上に乗っていた柏木の足元の新雪が崩れ、柏木が３メートルほど転落、自身にケガはなかったものの、衝撃でストックが折れてしまった。そこでスノーボードで滑っていた藤田のストックを借りることにして、その準備を整えている間に遠藤は先行して谷を降りていった。

新雪が積もった谷は滑りやすく、テレマーク独特の体勢でターンを切り返しながら快調に滑降していくと、間もなくして前方に再び段差が見えてきた。しかし、先ほどの段差よりは高さがないように見えたので、「一気に行っちゃえ」と判断し、スピードは落としたが停止せずにそのまま突っ切ろうとした。その段差に差し掛かる直前、段差の先に直径30センチほどの穴が開いているのが見えた。遠藤は穴の左横1メートル50センチほどに滑降ラインを見定めて、低めのテレマークポジションをとって段差の左斜面に滑り込んだ。

その直後だった。スキーの先端が雪に突き刺さるような感覚を覚えたと同時にバランスを崩し、右側に転倒して体が１８０度回転した。

左斜面には硬い雪の上に新雪が薄く積もっていたため、スキーが流れて谷の中心部に向かい、柔らかい新雪にスキーの先端が突き刺さったようだった。谷や沢に積もった雪は、構造的に中心部がいちばん薄くなっている。たまたまその脆弱《ぜいじゃく》な場所で転倒したことで、衝撃により雪面

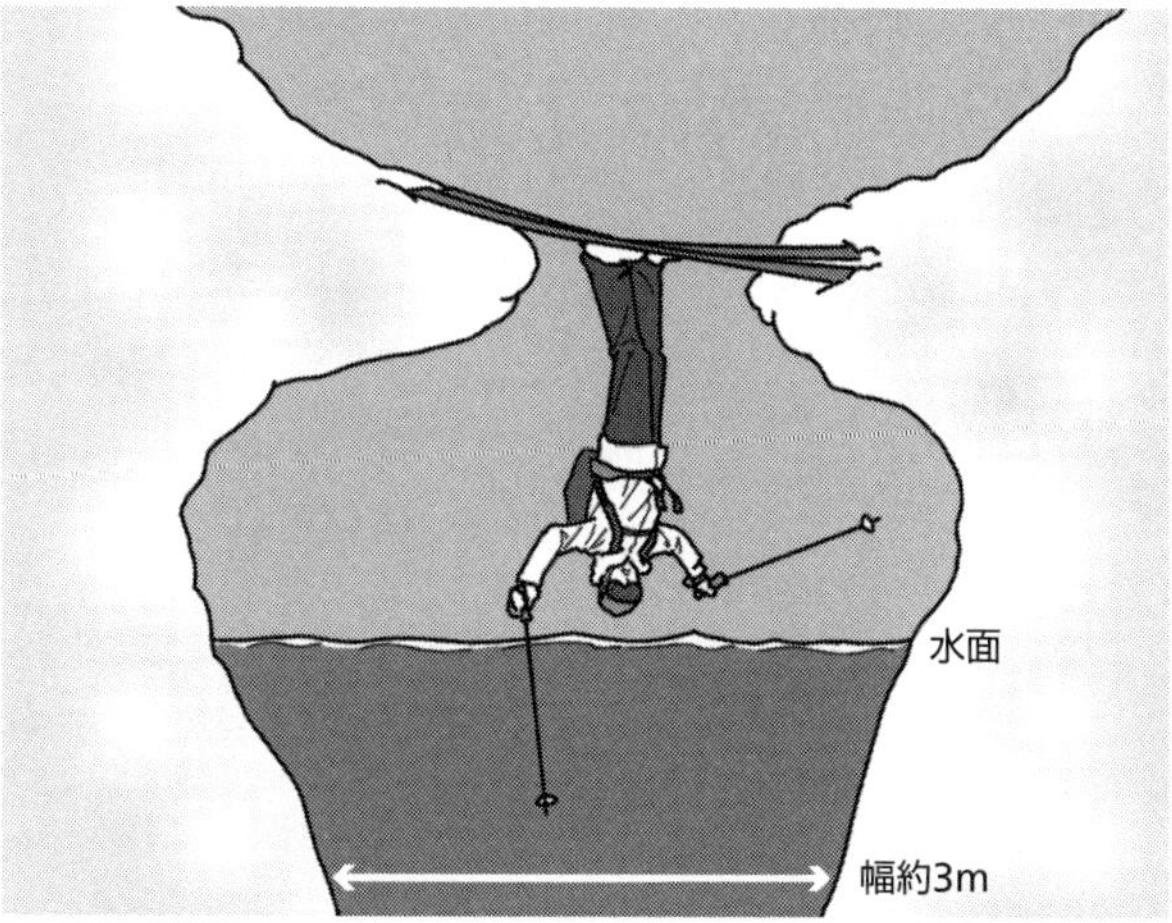

上流から下流を見た断面図。雪面にスキーの両端が引っ掛かり、淵の上で体が逆さまの状態で宙吊りになってしまった

に穴が開いてしまった。その穴の中に、体がすっぽりとはまり込んでしまったのだ。

雪面の下は空洞になっていた。最悪だったのは、スキーの両端が雪面に引っ掛かり、雪面の下にポッカリと開いた穴の中で体が逆さまの状態で宙吊りになってしまったことだ。

空洞の下はプール状の淵（水が澱《よど》んで深くなっているところ）となっていて、幅2〜3メートル、長さ4〜5メートルほどの範囲で水が溜まっていた。頭の先から水面までの距離はわずか10センチ程度。手にしていたストックを水中に入れて深さを測ろうとしたが、先端は水底まで届かず、状況はかなり深刻であることが理解できた。

つい先ほどまでのスキーの爽快感は吹き飛び、頭の中は恐怖感でいっぱいになった。

「これはヤバい。早く来てくれ」と、仲間が駆けつけてきてくれることを期待し、「助けてー」と1分おきぐらいに数回大声で叫んだ。だが、来る気配はまったくなかった。

水に自ら落ちることを選択

遠藤のあとを追って滑っていた藤田と柏木は、２つ目の段差があるところまで来たときに、先行しているはずの遠藤のトラック（滑走痕）が先に続いていないことに気がついた。２人で遠藤の名前を大声で呼んでみたが、返事はない。

もしかしたらなにかアクシデントが発生して雪に埋もれてしまったのかもしれないと思い、雪崩ビーコンを受信モードに切り替えて捜索を開始した。ただし、遠藤のトラックをたどるのは危険だと判断し、右岸を20メートルほど登り返し、回り込むようにして段差の下に降りた。そこで２人が目にしたのは、雪面に開いた直径１４０センチほどの穴に引っ掛かっている２本のスキー板だった。

このときの時刻は午後2時40分。事故が発生してから10分ほどが経過していた。

仲間がなかなか来てくれないことに焦りを募らせていた遠藤は、なんとか自力脱出を試みようとしていた。背負っているザックは重りになっていたので、ザックを外して水面に落とした。腹筋を使って上体を起こし、手でスキーを持って強引に体を上げようとしたが、穴の縁に引っ掛かっているスキーの先端が外れる恐れがあった。

もしスキーを履いたまま転落してしまうと、水の中でスキーを外すのに手間取り、より危険な状況になってしまうことが予測されたので、先に自らスキーを外すことにした。まず片足の流れ止め（ビンディングとブーツを繋ぐコード。行動中にビンディングが外れてしまったときに、スキー板が流れ落ちていくのを防ぐために用いる）を外し、続いてビンディングを解除した。そのときに、藤田と柏木が駆けつけてきた。

スキー板を支えにして逆さまに宙吊りになっている遠藤を見て、２人は途方に暮れるしかなかった。それも無理はない。穴の周囲も積雪がいつ崩落してもおかしくはない状況だった。遠藤を助け出そうとして自分たちが二の舞になってしまったら、それこそ全滅してしまう。ある意味、雪に埋もれるよりも悪い状況であった。

しかし手をこまねいているわけにもいかなかった。藤田は穴の近くにスノーボードを埋め込んで足場とし、慎重に穴に近づいて、遠藤がもう一方の足のビンディングを解除するのを手伝った。両足のビンディングを解除した遠藤は、手で板をつかんでぶら下がり、足から水の中に落ちた。水の深さは胸ぐらいまでで、間もなくしてジャケットやパンツの隙間から水が染み込んできた。予期していたとはいえ、その冷たさに「ぐずぐずしてはいられない」と切羽《せっぱ》詰まった気持ちになり、上にいる２人に向かって「この水温ではもたない」と叫んだ。

「絶対に生きて帰るまで諦めない」

その声に焦りを感じた藤田と柏木は、とにかくなんとかしなければと、自分たちだけで救助にとりかかった。2人はまずシャベルとスノーボードを再度雪に埋め込み、支点を作った。次にスリングとシールとカラビナを繋ぎ合わせてロープ状にし、それを支点に連結させた。そのロープ状のものを穴から垂らして遠藤に掴んでもらい、自力で這い上がらせるという作戦だった。

だが、遠藤にしてみれば、刺すように冷たい水で全身ずぶ濡れとなり、重さも増しているうえ力も入らない体では、ロープを掴んで自力で登っていけるとはとても思えなかった。途中で力尽きるのは明白であり、再び落水してしまえば、さらに体力を消耗してしまうことになる。そう考えてロープでの脱出は諦め、「トンネルを掘る」と叫んだ。

空洞内はすり鉢状の形をしており、浸かっている水に流れはほとんどなかった。周囲を確かめると、水際に露出している岩の上に雪が乗っており、逃げ道はまったくないように見えた。脱出するとしたら、雪をトンネルのように掘っていくしかなかった。

先に落としたザックが水面に浮いていたので、そこからシャベルを取り出し、淵の岩に足をかけた。岩の傾斜は急で滑りやすかったが、幅5センチほどの岩棚に足を乗せると、水に浸かっている部分は膝下までとなった。体温は急速に奪われはじめていて、時間的余裕はなかった。

シャベルで雪を崩し、トンネルを掘ろうと試みた

遠藤は、手にしたシャベルを雪に突き刺し、トンネルを掘りはじめた。シャベルで雪を崩しては夢中で掘っていった。足場が安定しないため、何度か足がずるりと滑って、その都度水中に落ちてはまた這い上がった。

このときの心境について、のちに遠藤は事故報告書にこう綴っている（要旨）。

「自分が今置かれているのが非常に険悪な状況であることは理解できて、次に『絶対に生きて帰るまで諦めない』との意志を固めた。生きるか死ぬかの瀬戸際の状況では、最終的に『絶対に生きて帰るんだ』という意志の強さが生死の分かれ目となることを、何冊かの書物で読んでいたので、それを思い出していた」

かなり掘り進んだと思ったころに、雪の中

からササの葉が現れた。水際の岩場から続く斜面にササが茂っていて、その上に雪が載っていたのだった。ここで足を高い位置に移して体ごと這い上がろうとしたときに、再び水の中に落ち、そのはずみでシャベルが手から離れて水底に沈んでしまった。

水に浸かっても、それほど冷たいという感覚がなかったので、低体温症が進行している可能性があった。登れそうな斜面を登れなかったのも、そのせいかもしれなかった。たしかに体力を消耗していることは自覚できた。しかし意識ははっきりとしていて、「絶対に生きて帰る」という意志に変わりはなかった。

水の中に落としたシャベルを拾い上げるかどうか迷っていたとき、ふと、上にいるはずの仲間2人の声や物音が聞こえなくなっていたことに気がついた。おそらく救助を要請しにいったのだろうと考え、シャベルは拾わずに、そのまま救助を待つことにした。

先ほど足をかけていた幅5センチほどの岩棚に立ち、膝の下まで水に浸かった体勢で上のササを摑んでバランスをとり、救助がやってくるのを待った。生還への意志は固めていたものの、体はがくがくと震え、何度か意識が遠のきそうになった。

「きっと救助に来てくれる。でも、もし来なかったらどうしよう……。家族は、とくに妻は悲しむだろうな」という思いが一瞬、脳裏をよぎったが、「いや俺はきっと脱出できる。脱出してやる」と、すぐに悲観的な考えを打ち消した。

あとは気力だけで耐えていたような感覚だったと、遠藤は回顧する。

混乱と焦りの救助活動

「トンネルを掘る」と聞いた藤田と柏木は、その真意がわからず、どこにどのように掘るのかを尋ねたが、答えはなく、遠藤の姿は穴の下流側に見えなくなった。２人は10分ほど呼び掛けを続けたが、なにも返ってこない。まさか意識を失って水没してしまったのではと、最悪の状況を想像し、早急な救助要請が必要と判断した。

しかし、沢のなかは携帯電話の圏外だったので、どこか電波の届く場所まで移動しなければならなかった。ただ、コンディションの悪い井戸沢をこのまま降り続けるのは、二重遭難の危険があった。そのため、まず右岸の尾根に上がり、クラシックルートのパラダイスコースに合流後、広い尾根から聖山平を経由してスキー場に向かい、救助を要請することにした。

とにかく一刻を争うことから、柏木は「もしかしたら尾根に上がれば電波が届くかもしれない」と考え、ひとり先行して尾根を目指した。藤田は現場に目印をつけるなどして捜索のための準備を整えたのち、柏木のあとを追った。尾根に上がった柏木が、わずかに電波が入る場所を見つけて１１９番に救助要請したのが午後３時20分。そのあとすぐに藤田が合流した。

消防からの折り返しの電話を待つ間、スキー場にも救助要請の連絡を入れようとしたが、電話番号がわからなかったので、連絡先がわかるいくつかの近郊施設に電話をかけた。電波の状態が悪いなか、なんとか遠刈田《とおがった》観光協会に繋がり、ひととおり状況を説明して、すみかわスノーパークにスノーモービルの出動を要請してもらうよう伝言をお願いした。

救助を待ちながら藤田があたりを見回していると、木々の隙間から上のほうに小屋があるのが見えた。それは東北大学山岳部が所有・管理する清渓《せいけい》小屋で、２人がいる場所からは１００メートルほど離れていた。ただ、このときはなぜか「小屋に誰かいるかもしれない」という考えが思い浮かばず、単に小屋があることを認識しただけだった。

しばらく待ってもどこからも折り返しの連絡はなく、強風のためフライトが困難なのか、救助のヘリがやってくる様子もなかった。事故が発生して1時間以上が経過した3時45分、焦りを募らせる２人の耳に、ようやくスノーモービルの音が聞こえてきた。

２人はスノーモービルから確認されやすいように、立木がまばらで現場の見通しがきく、小屋まで約50メートルの地点まで移動し、スノーモービルの音がする方向に向かって何度も「おーい」と叫んだ。しかし、エンジン音にかき消されて声が届かないのだろう、音はすれど、スノーモービルが近づいてくる様子はなかった（救助のスノーモービルだったのかどうかは不明）。

そうしているうちに突然、小屋の近くに数人の人影が現れ、「なにがおーいなんだ」と呼び掛けられた。藤田はてっきり救助隊が来てくれたものだと思い、「救助の方ですか」と返答したが、彼らは小屋に泊まっていた総勢16人の山スキーヤーの2パーティだった。

　このときの藤田の頭の中では、「なぜ救助隊からの連絡が入らないのか」「沢に落ちて意識を失っている（と思っていた）遠藤を救助する術《すべ》があるのだろうか」「小屋にいる彼らに、危険の伴う救助の協力をお願いするべきなのか」といった思いが交錯し、多少なりとも混乱をきたしていた。そこでとりあえずはこれまでの経緯を説明し、「もしかしたら救助活動のときに皆さんの力をお借りすることになるかもしれません。その際にはよろしくお願いします」と伝えるだけにとどめた。

　しかし、それから20分ほどが経過して午後4時を回っても救助隊からの連絡は入らず、ヘリやスノーモービルもいっこうに現れなかった。そこへ、いったん小屋で待機していたパーティのメンバーが、ロープを持参してやってきた。「このままただ待っているだけでは時間切れになってしまうから、みんなで協力して救助に当たろう」という、リーダーの判断だった。それが、判断を下しかねている藤田と柏木をあと押しする形となり、本格的な救助活動が開始された。

　柏木は連絡係として電波が通じる稜線上に待機し、藤田と救助パーティの6、7人が現場へと降下していった。現場に到着して藤田が穴から沢底を覗いてみたが、遠藤の姿は確認できなかった。意識を失ったのちに流されてしまった可能性もあったが、雪崩ビーコンで付近を探ると、穴の下流方向1、2メートルのあたりに反応があった。続けて遠藤の名前を何度かコールすると、かすかな反応が返ってきた。

時刻は4時25分。遠藤が意識を失っておらず、生存していたことがわかり、藤田は興奮を覚えた。稜線で待機していた柏木は、沢のほうから聞こえてきた「生きているぞ」という声に、安堵《あんど》感から涙が止まらなくなった。

奇跡の生還劇

落下した雪の穴の中で、全身濡れ鼠《ねずみ》になった遠藤は、寒さに耐えながらひたすら救助を待ち続けた。沢に落ちて2時間が経過しようとしていたとき、なにも物音がしていなかった地上から、人の声が聞こえてきた。名前を呼ばれて返事をすると、しばらくして穴からロープが垂らされた。末端が輪状に結ばれたロープを見て、救助隊が駆けつけてきてくれたことを確信し、直感的に「これならいける。これにかけよう」と思った。

ロープの輪に脇の下を通し、ロープを引いて準備が整ったことを伝えると、引き上げが始まった。地上では藤田と救助パーティのメンバーが全力でロープを引っ張り、穴から見える位置までどうにか引き上げた。だが、穴の縁の雪に頭が引っ掛かって、それ以上はどうしても引けなくなってしまった。ロープも外れそうになり、遠藤も「苦しい。緩めて。下ろして」と訴えたため、引っ張るのをやめて、いったん穴の中に下ろした。

現場を指揮していた救助パーティのリーダーは、穴の縁に引っ掛かってしまったのは、沢の下流方向に直線的に引っ張ったためだと考え、今度は右岸方向からも引っ張ることにして、先端を輪にしたもう1本のロープを穴の中に下ろした。遠藤はそれに体を通し、2方向からの引き上げが再開された。穴の縁まで上がったとき、またしても体が引っ掛かってしまったが、今度は一瞬で外れて地上に引っ張り上げることができた。

その瞬間、遠藤は「ああ、救助された。助かったんだな……」ということを実感した。大勢の人に抱えられ、すべてを委《ゆだ》ねる感じで安堵感に包まれた。と同時に極度の緊張感と消耗から解放されて、ぐったりしてしまった。

藤田が心配そうに「俺、わかる？」と声を掛けてきたこと、大勢の人が声を掛けながら抱えてくれていること、ソリで運ばれていることなど、その後のことは断片的にしか覚えていない。

リーダーの指示で、現場には小屋からスノーボートやシュラフ、補助ロープが運ばれていた。ずぶ濡れだった遠藤はすぐにシュラフに包まれ、スノーボートに乗せられた。ボートには3本のロープを結びつけ、引き上げる人と下から押し上げる人、そしてボートを確保する人に分かれて搬送していった。その間にも「遠藤さん、しっかりしろ」「もう少しだ、助かるぞ」と声を掛け、励まし続けた。

１５０メートルほどの斜面を引き上げる搬送にはおよそ30分かかり、5時10分に清渓小屋に収容した。すぐにストーブのそばの板の間に遠藤を横たえ、数人で濡れた服を脱がせ、乾いた服に着替えさせてシュラフにくるんだ。さらにみんなで交代しながら乾布摩擦を行なった。運び込まれた当初、遠藤の意識は朦朧《もうろう》としていたが、そのうち片言で「寒い」「暖かいところで寝たい」などと口にできるようになり、自分の名前や妻の名前などの質問にも回答できた。

6時20分ごろいったん眠りについたが、約1時間後に目を覚ましたときは、体の震えも止まり、意識もはっきりしていた。その後、藤田と柏木に支えてもらいながらトイレにも行けるようになり、食事もとれるまでに回復した。

救助隊は、結局この日のうちに現場まで来られず、小屋は携帯電話の圏外なので連絡もとれなくなった。

無風快晴の朝を迎えた翌25日、遠藤らは5時に起床した。前夜は、事故の状況を思い出したり頭の中で整理したりして、なかなか寝付けなかった。

前日から救助隊と連絡がつかなくなっていたので、3人は自力下山するつもりで準備を整えていた。しかし、6時30分ごろにヘリの音が聞こえてきて、その10分後にヘリが現場に到着した。予期していなかったことだったが、より安全な方法で遠藤を下山させることができるので、柏木は安堵感を覚えていた。

上空でホバリングしたヘリから2人の隊員が降下してきて、遠藤の容体をチェックしたのち、ヘリに収容して飛び去っていった。上空から見る雪山の白さと青空のコントラストが印象的だったと、遠藤は振り返っている。

その後、藤田と柏木は救助パーティとともにすみかわスノーパークに下山。病院に搬送されていた遠藤を見舞ってから帰路に就いた。刈田綜合病院に運ばれた遠藤は、救急処置室で採血検査、採尿検査、レントゲン撮影検査、頭部CTスキャン検査などを受けた。その結果、頭部や骨などに異常は認められなかったが、CK値（筋肉の破壊時に上昇する酵素の値）が正常値の100倍近い値を示しており、肝臓の数値も高めだったことから、大事をとって一晩入院することになった。自分では大丈夫だろうと思っていたが、体には大きな負担がかかっていたことを、遠藤は改めて認識したのだった。

妻はこの日のうちに現地に駆けつけてきて病院で合流し、翌日、彼女が運転する車で遠藤は無事帰宅した。手の指先は軽度の凍傷にかかったようで、痺れるような痛みをしばらく感じていたが、CK値や肝臓の数値とともに徐々に快方に向かった。

経験豊富だからこその油断が事故を招いた

この事故の直接的な要因について、遠藤は「段差の手前で停止しなかったこと」を挙げる。

たしかに、もしここで停止していれば、段差の先にあった穴に気づいて慎重に行動していただろうから、事故を回避できた可能性は高い。それができなかったのは、「年間を通じて１００日程度、山に入っているが、これまで大きな事故に遭わずにすんでいて、危険に対する認識や緊張感が欠けていた」「エコーラインを横断したのちは、滑りやすい雪質となって気が緩んだ」からだと、遠藤は考える。

また、「仲間から見えない位置まで先行してしまった」のも反省点のひとつだ。バックカントリーに限らず、山で仲間といっしょに行動する場合、お互いの姿が見えなくなるまで離れてはいけないとされている。そこまで距離が開いてしまうと、万一なにかアクシデントが発生したときに、お互いそれに気づかず対処できなくなるからだ。

とくにバックカントリーの滑降時には、あっという間に数百メートル離れてしまうこともある。現に遠藤が宙吊りになっていたとき、「早く来てくれ」と願いつつも、なかなか来ないことに焦りが増していたという。後続の仲間２人が現場付近で異変に気づいたから、まだよかったものの、もし気づかずにそのまま滑降を続けていたら、救助は大幅に遅れていたはずで、遠藤はより深刻な状況に追い込まれていただろう。

そういう意味でいえば、事故現場のすぐ近くに清渓小屋があり、大所帯のパーティが居合わせたことも幸運だった。当初、藤田と柏木は救助隊と連絡をとることで頭がいっぱいで、小屋の存在を確認したのに、無人と思い込んでしまった。事実、通常は無人の小屋で鍵もかかっているのだが、このときはたまたま16人の山スキーヤーが泊まっていて、そのなかには救助経験の豊富な者が何人かいた。そして小屋の中には、ロープやスノーボート、シュラフなどの備品があった。

これらの幸運が重なってこその、生還劇であった。

現場を再訪してまとめた反省と考察

事故後、遠藤は「今回の事故を教訓とし、多くの人に事故の恐怖を伝えるため」に、一連の経緯を振り返って整理し、また現場を仲間とともに再訪するなどして事故報告書をまとめた。そこに遠藤はこう記している。

〈今思い返しても、あの冷たく、薄暗い空間の中でずぶ濡れになりながら、救助を待つ間、生還への強い意志を持ちながらも「もし、救助が来なかったら…」と一瞬、脳裏を過ぎったりもしました。

本当に幸運でした。救助にあたってくれた両山岳会の皆様のお陰で、脱出することができ、地上に這い上がった瞬間、安堵感と開放感、疲労と消耗でいっぱいになり、多くの人が声とともに手をさしのべてくれ、それらに包まれていったあの時の感覚、印象、断片的でしか覚えて

いませんが、まだ心に刻み込まれています〉（引用ママ）

報告書には、事故発生から救助されて生還するまでの間に、遠藤がなにを考え、どう感じていたのかが生々しく綴られている。最悪、命が失われてもおかしくなかった状況から生還を果たした者が、包み隠さず心情を吐露《とろ》する証言は、重く貴重である。

もうひとつ報告書のなかで注目すべきは、メンバー共通の「山行中の危機管理意識」として、反省と考察が述べられていることだ。これは、登山のリスクマネジメントに関する普遍的な内容となっているので、次に引用しておく（すべて引用ママ）。

・雪崩や滑落、ルート迷い遭難に気をとられ、地形的な要因の危険性に対して無防備だった。とくに沢の底が淵状になっている危険性に関しては、まったく予測していなかった。

・きっと良質のパウダーだからという理由だけで、初めてでよく知らない井戸沢を進んでしまった。またその際、沢を降りるときの危険予測も話し合わず、安易に決めてしまった。

・手前の段差で４メートルほど柏木が足下の雪ごと崩れて滑落した際、登り返して忠実に稜線上を下るという意思にまとまらなかった。雪が少なく沢が埋まっていない可能性が高く、しかも一度解けて固まった雪の上に、さらさらで崩れやすい新雪が載るという不安定な条件で、同様の危険性が高いと想像できた。より安全で確実な方法をとるべきだった。

・お互いの安全確認意識が欠落していた。

バックカントリー中の事故への的外れな非難

遠藤が体験したような事故は、スキー場のゲレンデにおいてはまず起こらない。それは、スキー場内では人間の手によってリスクが管理され、極力、危険性を排除しているからだ。しかし、スキー場から一歩外に出たバックカントリーは、自然の姿そのままの厳しい雪山であり、そこは人の管理が及ばない世界だから、雪山に本来存在しているリスクが剝き出しになる。

ゲレンデであれば、雪崩のリスクはコントロールされているし、天候が悪化して吹雪になればレストハウスに逃げ込めばいい。だが、バックカントリーではそういうわけにはいかない。想定しうるリスクに対して個々がリスクマネジメントを行ない、場面場面でリスクを回避するための判断と行動が求められる。まさにオウンリスクである。同じスキーでも、ゲレンデを滑るのとバックカントリーを滑るのとでは、これほどまでに大きな違いがある。

余談だが、スキーシーズンになると毎年のように「スキー場のコース外のバックカントリーを滑降していたスキーヤーが遭難して……」という報道がなされ、そのたびに遭難者には非難の声が浴びせられる。「スキー場のコース外＝滑降禁止」なのに、そこに勝手に立ち入って遭難するなんて怪《け》しからん、というのがその言い分のようである。

　しかし、これはスキー場とバックカントリーの区分をしっかり理解していないことによる誤解である。

　まず、スキー場内というのは、スキー場の運営・管理会社が所有する敷地内のことを指し、そこから一歩外に出れば、運営・管理会社の範疇《はんちゆう》外のバックカントリーとなる。また、スキー場内でも、危険のあるエリアでは滑降しないようにロープが張られ、立入禁止の措置がとられている。

　この滑降禁止エリアで滑っていて遭難したのであれば、非難されても仕方がない。だが、スキー場の運営・管理外であるバックカントリーへの立ち入りは、原則的に禁止されているわけではなく、オウンリスクで自由に活動できる（山によってはローカルルールや条例で、立入禁止エリアや行動の制限などが設定されているところもある）。

　そのバックカントリーを滑ることは、登山者が雪山に登るのと同列のことであり、基本的なルールを守っているかぎり、なんら非難されるものではない。そのあたりを混同しているから的外れな報道がなされ、見当違いの非難の声が上がる、というのが、悲しいかな現状である。

雪渓では中央部や両岸側を歩いてはいけない

なお、足元の積雪が崩落して下の沢に転落してしまうという事故は、バックカントリーのみに限定されるものではない。北アルプスのような標高の高い山域では、無雪期の一般登山コースの一部が雪渓（谷や沢に積もった雪が、夏になっても解けずに残っているところ）の上を通っているところもある。白馬《しろうま》岳の大雪渓のように人気の高いコースでは、雪渓上にペンキでルートが示されていることもあるが、目印がつけられない雪渓も多い。しかも、夏は雪解けが加速するので、雪渓の状態は日々変化し、それによってコースどりも変わってくる。

だから雪渓の上を歩くときは、どこを通ればいちばん安全そうか、自分で判断する必要がある。その注意を怠り、中央部や両岸側が薄くなっているという雪渓の構造を考えずに行動すると、積雪を踏み抜いて冷たい雪解け水が流れる沢のなかに落ち込んでしまう。実際にそのような事故も過去に起きているし、現場に駆けつけて雪渓の下に入り込んだ救助隊員が、低体温症寸前に陥ったという話もある。

雪に覆われた山は、はたから見ているかぎり、無垢《むく》で美しく目に映る。しかし、そこに足を踏み入れれば、文字どおりの落とし穴がどこにあっても不思議ではない。それもまた、雪山に無数に潜むリスクのひとつである。

唐松岳にて急病人発生

山好き女性2人の雪山登山

佐藤美代（36歳）が東京から長野に引っ越してきたのは２０１３（平成25）年のこと。長野は夫の故郷であり、長野に移り住んでからひとり目の子供を出産した。山登りは、２人目の子供を産んだのちの２０１６（平成28）年ごろから始めた。

「こっちはあまりに田舎すぎて、遊ぶところがなにもないんです。そんななかで、私が産後鬱《うつ》と育児ノイローゼのようになっていて、ある日突然、『あ、山に行こう』と思い立って、ひとりで黒斑《くろふ》山《やま》に行ったのが始まりでした」

東京に住んでいたときは趣味でマラソンをやっていて、一度だけ「たまには違うところを走りたいな」と思い、ひとりで高尾山から陣馬《じんば》山《さん》まで走ったことがあった。しかし、このとき以外は山とはまったく縁がなかった。

黒斑山で山の雄大な景色と自然の美しさに魅せられ、以降、暇を見ては近場の低山に登るようになった。登山の技術や知識はインターネットで検索して勉強した。最初の1年ほどはランニングシューズで山に登っていたが、そのうち「ちゃんとした山用の靴がほしいな」と思うようになり、安い登山靴を購入した。

また、登った山の雑感などをFacebookに投稿しているうちに、山つながりの友人もできた。そのなかのひとりの女性と意気投合し、いっしょに登るようになった。ひとりで登っていたときは低山しか行けなかったが、彼女に西穂高岳に連れていってもらったのを機に北アルプスのよさにハマり、標高の高い山にも登るようになっていった。

「山そのものの魅力も当然あるんですが、山好きな人と山の話をするのも楽しくて。だからいろんな山に行きたいと思っちゃうんです」

今は仕事の合間に天気を見ながら、長野県内を中心にそのときどきで行ける山を探して登っている。子供も育ってきて、山に連れていけるようになったので、親子で登ることも多くなってきた。その影響で、海派の夫も最近はぽつぽつと山にもついてくるようになった。

そんな佐藤が、北アルプスへ導いてくれた女性と２人で後立山《うしろたてやま》連峰の唐松《からまつ》岳へ向かったのは、２０２１（令和３）年３月20日のことである。国内では前年初頭より始まった新型コロナウイルスの感染拡大は、年明けの１月中旬以降の新規感染者数が減少傾向となり、３月に入ってからも比較的落ち着いた状況が続いていた。

前夜のうちに車で登山口となる八方《はっぽう》尾根スキー場の駐車場に入った２人は、車中泊をして朝を待ち、ゴンドラとリフトを乗り継いで八方池山荘に上がった。まだスキーシーズンも終わっ

事故当日の八方尾根。疎林の奥に見える無木立の斜面が事故現場
（写真提供＝佐藤美代）

ていなかったので、ゴンドラ待ちの列のなかにはスキーヤーも多く、けっこう混雑していた。

　八方池山荘からは八方尾根をたどって唐松岳に登頂し、その日のうちに下山してくる予定だった。標準コースタイムおよそ6時間半のコースである。

　リフトで山荘まで上がったのち、時間をかけて準備をすませ、9時8分に行動を開始した。天気は快晴で、陽光を反射する積雪が眩《まぶ》しすぎてサングラスを外せないほどだった。風もほとんどなく、雪山登山を楽しむには最高のコンディションだった。

　雪はまだたっぷりとあり、アイゼンの爪が雪面にしっかりと食い込んだ。2人は北アルプスのダイナミックな山岳景観を楽しみながら、ときに足を止めて写真を撮りつつ、ゆっくりと尾根をたどっていった。

第二ケルン、八方ケルンを過ぎ、第三ケルンに到着したのが9時52分。ケルンのすぐ下にある八方池は、無雪期には水面にアルプスの峻峰《しゅんぽう》を映す景観が見事なビューポイントであるが、このときはまだ雪の下だった。

初老の男性を取り囲む人だかりに遭遇

第三ケルンから緩やかに尾根を登っていくと、間もなく「下《しも》ノ樺《かんば》」と呼ばれる、葉を落としたダケカンバの木立がある平坦地に差し掛かる。その向こうは、そこそこ傾斜のある無木立の雪の斜面となっていて、斜面の下のほうに人が群がっているのが見えた。

「あれ、なんだろう」と思いながら進んでいくと、下ノ樺の平坦地で、携帯電話でやりとりしている女性の姿が目に入った。電波の状態があまりよくなかったのか、彼女は大きな声で叫ぶように話していた。その内容が聞こえてきて、どうやら救助を要請していることを知った。

女性の周囲には、同様に携帯電話を手にして救助を要請しようとしている登山者が何人かいた。電波の接続状態が安定していなかったので、「誰かの電話が繋がればいい」というつもりだったのだろうが、それを目にして佐藤は「これはちょっとまずいな」と感じた。

「ほぼ同時に何人もの登山者が救助要請の連絡をしたら、一件の事故なのか、それとも同じ山で同時期に数件の事故が起きているのか、警察も混乱してしまうのでは、と思ったんです。その場を統率している人が誰もいませんでした。現場とはちょっと離れている場所だったから、仕方なかったのかもしれませんが」

その平坦地の向こう側、人だかりができているところは広々とした雪の斜面で、たくさんのトレースがついていた。そこに初老らしき男性が倒れていて、彼を取り囲んでいる数人の登山者が救命処置を行なっていた。

「その現場に出食わしたとき、正直なところ、人だかりの輪のなかに加わるのは野次馬みたいで嫌だなあと思いました。だからそのまま通り過ぎようとしたんです」

だが、通り過ぎるときに横目でちらっと現場を見たら、救命処置を行なっている人のなかに知った女性の顔があった。Facebook上で山好きが集うグループの仲間のひとり、中野由美(仮名)だった。それまで実際に会ったことはなかったが、ネット上で何度かやりとりをしていたし、彼女が投稿していた山の記録もよく見ていたので、すぐにわかった。

「待ってよ、あれ、中野さんじゃない」と友人に言って近づいていったとき、救命処置を行なっていた男性から「上着を貸してくれないか」という声がかかった。その呼び掛けに、周囲にいた何人かがジャケットを脱いで差し出し、佐藤もジャケットを、友人はサバイバルシートを提供した。それらは、倒れている男性を保温するため、上から重ねてかけられた。このときにジャケットを提供した登山者のほとんどはその場を離れられなくなり、最後まで現場に留まることになった。

「胸が苦しい」と突然倒れた

詳細はわからなかったが、八方尾根を登っていた男性が突然倒れ、それを発見した周囲の登山者が救命処置を行なっているという状況のようだった。第一発見者の話によると、男性は突然「胸が苦しい」と言ってその場に倒れ込んだという。

男性に意識はなく、斜面を滑り落ちていかないように、体に結びつけたロープで上から登山者が確保をしていた。あとでわかったことだが、その場にいた登山者のなかには、医師が3人、看護師が2人いた。その看護師のうちのひとりが中野で、仕事の休みを利用して夫と2人で唐松岳に来たのだった。5人は同一パーティのメンバーではなく、それぞれ個々に登山に来ていて、たまたま現場に遭遇したようだ。

救命処置は人工呼吸と心臓マッサージが中心で、人工呼吸は医師のひとりが担当し、看護師が心臓マッサージを交代で行なっていた。平坦な場所ではないので人工呼吸も心臓マッサージも非常にやりづらそうで、片足を横に伸ばして屈んだ姿勢で行なっていた。また、血流を滞らせないように足を上げておいたほうがいいという医師の指示で、ひとりの登山者が足を持ち上げていた。

　中野は心臓マッサージの真っ最中だったので佐藤は声を掛けられず、「自分になにかできることはないか」と思っていたときに、男性の足を持ち上げる役割を交代する声が掛かった。以降、佐藤は足を持ち上げながら、ずっと男性の体をさすり続けた。そのすぐ目の前では、医師と看護師が懸命に救命活動を行ない、周囲にいた登山者の何人かは自分たちのできる範囲で協力を買って出ていた。

「心臓マッサージと人工呼吸は中断することなく交互にずっと続けてました。今の時期、コロナの影響で『人工呼吸はやらないほうがいい』とされていますが、そんなことを言っていられる状態ではなく、おかまいなしに行なっていました。心臓マッサージは、心肺蘇生の講習を受けたことのある登山者が途中で代わったりもしましたが、主に中野さんと男性２人が交代しながら汗だくになってやっていました」

　現場では、３人の医師のうちのひとり、比較的若そうに見える人がリーダーシップをとっていて、率先して声を掛け、処置を行なっていた。そのうちに「ボスミンかエピペンを持っている人、いないかぁ」と声が掛かったが、誰も持ってはいなかった。佐藤にも「ボスミン」や「エピペン」がなんのことなのかわからず、家に帰って調べてみて、アナフィラキシーショックなどの治療薬として用いられるアドレナリンの一種であることを知った。

「ボスミンは3人の医師のうちの誰かが携行していたようで、注射器を使って足の付け根に投与していました。注射器や薬を山に持ってきていることに驚きましたが、さすがプロだなと思いました。それを使い切ってしまったので、周囲の人に声を掛けたようです」

雪面が血で染まったショッキングな処置

佐藤が現場に行き合って30～40分経ったころ、自分よりずっと若そうに見える男性が下りてきた。倒れていた男性はひとりで山に来たものとばかり思っていたが、「同行者がいるらしい」という情報があり、探しに出ていたほかの登山者が同行者を見つけてきたようだった。

下りてきた男性の顔を見て、佐藤は思わず「えっ？」と声を上げそうになった。朝、ゴンドラ待ちの列に並んでいたときに、ロープを挟んで隣にいた2人組のうちのひとりだったからだ。「あ、今朝、隣にいた人だ」とすぐわかったのは、登山にはあまり適していなそうな、ちょっと変わった服装をしていたことによる。

「それがすごく印象に残っていて、現場に駆けつけてきた男性を見たらその人だったんです。倒れていた年配の男性は顔もよく見えなかったし、ひとりだったので、まったく気がつきませんでした」

2人はいっしょに山に来ていたが、歳の差もあり歩くペースが合わず、若いほうの男性が先行する形で差が開き、後続の男性が倒れたことに気づかなかったのである。下りてきた男性は、心肺蘇生を行なっている人たちの真横にぴったりとついて、「おやじ！　おやじ！」と声を掛けはじめた。年齢が離れて見えたので、孫と祖父なのかと思っていたが、それを聞いて親子であることを知った。

その後もしばらく心肺蘇生が続けられたが、男性は意識を取り戻さず、呼吸も認められない状態になっていた。そこでリーダー役の医師が決断したのが、気管を切開して気道を確保することだった。処置を行なうにあたって了解を求められた息子は、「お願いします」と頭を下げた。

喉を切るとき、最初はマルチツール（アウトドア用の多機能ナイフ）を用いたが、まったく切れなかったので、佐藤の友人が持っていたカッターナイフを使った。

気管に挿入するチューブの代用とするため、医師が「誰かストローを持っていないか」「ボールペンの芯を抜いたものでもいい」と声を掛けたが、携行している者はいなかった。代用となりそうなものを探したがなかなか見つからず、10分ほど経ったときに、「これ、使えますか」と言って、ひとりの登山者がハイドレーション（ザックに入れた水筒の水を歩きながら飲むことができる吸水システム）のチューブを差し出した。医師が「これ、切ってもいい？」と尋ね、登山者が「かまいません」と答えたので、そのチューブを切って気管に挿入した。

その一連の処置があまりに衝撃的で、佐藤は大きなショックを受けた。

「喉を切るとき、息子さんがずっと『おやじ、ごめんね。ごめんな』と言い続けていて、それがものすごく辛くて……。さすがに見ていられず、目をつぶっていましたが、『切れない』『気管はどこだ』といった声は聞こえてきていました」

処置が終わったあとの雪面は、血で真っ赤に染まっていた。

チューブを挿入してからは、人工呼吸は行なわずに心臓マッサージだけを交代しながら延々と続けた。息子は「おやじ、もどってこい！」と何度も呼び掛け、周囲の者たちも「諦めるな」「○○さん！」と、ずっと声掛けを続けた。男性の横について手を握りながら励まし続けている者もいた。佐藤も支えている足をさすりながら、声を掛け続けた。

心臓マッサージと声掛けは、ヘリが来るまで止まることはなかった。

要請から2時間半後、ヘリ到着

この日は天気がよかったので、その間にも現場のすぐ真横を大勢の登山者が通り過ぎていった。登山者のなかには「どうしたの？」と言いながら処置の様子を覗き込み、しばらくしてすーっと離れていく者もいた。

下ノ樺で女性が救助要請の連絡をしてから約2時間半が経過したころ、ようやく長野県警のヘリが姿を現した。佐藤は救命処置に懸命で時間のことはまったく頭になかったが、時計を見て「こんなに時間が経っていたんだ」と思った。

ヘリに向かってみんなで手を振って合図すると、ヘリはこちらに向かってぐんぐん近づいてきた。ヘリのダウンウォッシュ（ローターの回転によって生じる吹き下ろしの風）によって荷物が飛ばされてしまうのを避けるため、現場にいた者は全員、誰のものかわからないまま、とりあえず自分の近くにあった荷物を手に取って、木立のある下ノ樺の平坦地に移動した。

現場の上空でヘリがホバリングの態勢に入ると、2人の隊員が下降してきてピックアップ作業を行ない、意識不明の男性を素早くヘリの中に収容して飛び去っていった。

最後まで現場に留まった20人ほどの登山者は、ヘリを見送ったのち、散在していたジャケットや荷物などを手に取り、「これ誰の？」と声を掛け合って返却作業を行なった。持ち主がわからないジャケットが3着ほどあったので（ジャケットだけを提供して唐松岳へ向かったものと思われた）、その場から下山する人が預かって下の八方尾根スキー場の事務所に届けることにした。

声を掛け続けていた者は、みんな声が嗄《か》れていた。雪上に残った血痕は、みんなで協力して雪で埋めた。意識不明者の息子と第一発見者は、歩いていっしょに下山していった。

時刻はすでに午後1時半を回っていた。この時間ではもう唐松岳の頂上まで行けないので、２３６１メートルピークまで行って、中野夫妻と記念写真を撮って下りてきた。

ヘリで救助された男性（65歳）は、残念ながら搬送先の松本市内の病院で死亡が確認された。新聞報道によると、男性に目立った外傷はなく、体調不良による急死の可能性が指摘されていた。

救命処置の知識があるだけではダメだった

大学時代、佐藤は教員免許を取る際に普通救命講習を受けて修了証を取得していた。また、東京でスポーツジムのスイミングインストラクターを４年やっていたときにも、毎月ＣＰＲ（心肺蘇生法）の実技テストを受けることを課せられ、それをクリアしないと業務に就けなかった。

だが、今回、登山中に救命処置の現場に出食わして、勉強してきたはずのことがほとんどできなかった現実に愕然《がくぜん》とした。

「実践していなければ役に立たないということを痛感しました。交通事故にしてもコロナにしても、身近な人が亡くなって初めて恐ろしさがわかるように、救命救急法の必要性も、自分の身内がそういう状況に陥らないかぎり、なかなかわからないだろうし、きっと他人事《ひとごと》になってしまうでしょう。あのとき、もし素通りしていたら、そういうことを考えなかったと思います。でも、それはよくないな、と。今回、現場に携わって、初めてそういう意識が芽生えました」

また、佐藤はこうも考えた。今回のケースでは、たまたま医師や看護師が居合わせたが、もし医療関係者が誰もいなかったとしたら、どうなっていただろうと。

「あれだけたくさんの登山者がいたのだから、誰かしらが指揮を執って救命処置を行なっていたと思います。ただ、もしほかに誰もいなかったら……。自分だけしかいなかったときに、果たして救命処置ができるんだろうかと考えてしまいました」

心肺蘇生法の国際ガイドラインは5年に一度、見直し・改訂がなされているが、山から帰ってきていろいろ調べてみて、今は必ずしも人工呼吸を行なう必要はないということを初めて知った。そのやり方を解説しているウェブサイトをプリントアウトしてラミネート加工し、山行前に必ず目を通すようにした。登山の際の荷物を少しでも軽くするためにどんどん簡略化していたファーストエイド（応急手当）キットも、最初のころのように充実した内容にもどした。

また、自分が体験したことを多くの人に伝えたいと思い、Facebookに体験談を投稿した。それには、現場で医師が行なっていた具体的な処置、使用した用具、帰ってから調べたボスミンとエピペンの効用、救助要請時の伝達事項、山岳保険への加入の必要性、自分自身の反省点などが細かく綴られている。

この投稿には大きな反響があり、多くの共感が寄せられた。そのなかには、「自分も心肺蘇生の講習を受けたことがある」というコメントもたくさんあった。だが、問題は「それを今できるかどうか」だと、佐藤は言う。Facebookの投稿に、彼女はこう書いている。

〈やったことがあるなんて過去の経歴は【今】できなければ無意味だと改めて感じ、継続的に確認することの大切さを痛感しました〉

〈登山をする以上、もしも仲間が、家族が要救助者になり自分1人の時、何もできない後悔を残さないためにも必要最低限の知識と意識を持つべきだと猛反省しました〉

遭難で死んだ人の2割が突然死というデータも

警察庁が毎年発表している統計資料「山岳遭難の概況」を見ると、遭難事故要因のなかで「病気」が占める割合は、年によって多少のバラつきはあるものの、2001年以降はだいたい7～8％前後で推移している（最も高かったのは2002年の10・1％）。遭難発生件数と遭難者数の増加傾向が続くなかで（2019、2020年は天候不良や新型コロナウイルスの感染拡大の影響などで減少）、発病による遭難者の割合はほぼ一定だ。

「登山」というと、一般的には「健康にいい」というイメージがあるが、実は体にかなり大きな負荷がかかる行為である。重い荷物を背負い、標高差のある未整地の登山道を長時間にわたって歩き続けるのだから、それも当然だろう。

とくに中高年層の場合、体力が低下していることに加え、生活習慣病の危険因子を抱えている人も多く、山に登ることで自分でも気づかぬうちに体にダメージが蓄積されていることもある。登山中に病気を発症してしまう登山者には、そんなバックボーンがあるものと推測される。

登山中の発病が怖いのは、このケースのように、命を落としてしまうという最悪の結果を招くことも少なくないからだ。警察庁の統計では、病気による遭難者のうち何人が死亡したのかまではわからないが、山岳遭難事故が多発する長野県は、遭難態様別の死者数を毎年公開している。ヤマケイオンラインに掲載された「増加傾向にある『山の突然死』、登山者の心臓突然死の予防法」（２０２１年6月11日）という記事のなかで、松本協立病院の市川智英《ともひで》ドクターは、長野県のデータを次のように分析する。

〈（筆者注：２０１７〜２０２０年までの４年の間に、長野県内の山で遭難死した計１６４人のうち）半数近くの方が転・滑落などの外傷でお亡くなりになっていますが、その次に多いのが発病です。山の中であるため、正確な診断はされていないのですが、発症状況をみるとすべて突然死と思われます。さらに死因不明の中の11名も、突然死だった可能性が高く、それを加えると全部で37人、2割以上の方が、登山中に突然死で亡くなっていると思われます〉

突然死とは、健康そうに見えた人が、なんらかの病気が原因で、発症後瞬間的もしくは24時間以内に死亡してしまうことをいう。その原因の多くは、心臓を動かすための筋肉に血液が充分に供給されなくなる心疾患、つまり心筋梗塞や狭心症などの「虚血性心疾患」だ。

八方尾根で亡くなった男性については死因が発表されていないので断定はできないが、「胸が苦しい」と言って倒れたことを考えると、虚血性心疾患だった可能性も否定できない（激しい胸の痛み、息苦しさ、吐き気、冷や汗、意識障害などが虚血性心疾患に共通する主な症状だという）。

厄介なのは、こうした心疾患のリスクを抱えていたとしても、日常生活のなかで自覚症状が出ることはほとんどなく、対処がどうしても後手後手に回ってしまいがちだということだ。だから山での突然死を回避するには、まず自分に心疾患のリスクがあることを知る必要があり、そのためには定期的な健康診断を受けるのが最善策となる。最近は登山者を対象にした健康チェック・健康相談を行なう「登山者検診」を開設する病院もちらほら出はじめている。

また、ありきたりの助言になってしまうが、栄養バランスのいい食事をとる、塩分・糖分・脂肪分をとりすぎない、適正体重の維持、禁煙、有酸素系トレーニングと筋力トレーニングの習慣化、ストレスを溜めない、なども予防に役立つ。

もし登山中に病気やケガに見舞われたら

もし登山中に心疾患を発症してしまった場合は、一刻も早く医療機関に搬送して検査・治療を受けなければならない。

ただし、街中ならば119番したのち10分ほどで救急車が駆けつけてきてくれるが（現場到着所要時間は平均約7～9分）、山ではそういうわけにはいかない。救助要請後、ヘリが現場にやってくるまでに、どんなに早くても通常1時間以上はかかる。それも気象状況や現場の地形などの条件がよければの話で、悪天候などでヘリが飛べなければ、救助されるまでに数日かかってしまうことがあるのは、これまで見てきたとおりだ。

救助に要する時間が長くなればなるほど救命率が下がるのは避けられないことであり、それは心疾患にかぎったことではない。心疾患以外の発病にしても、転滑落などによる負傷にしても、救助に時間がかかればそれだけ重症化は進行するし、完治するまでの時間も長くなる。そこで山では、傷病者の症状をできるだけ悪化させないためのノウハウが要求される。「ファーストエイド」と呼ばれる、現場で行なう応急手当である。佐藤が救助に携わって認識したのは、まさにその重要性だった。

一般に、山での遭難救助は、「セルフレスキュー」と「チームレスキュー」の2つに分けて考えられている。セルフレスキューとは、遭難者の仲間や周囲にいる登山者が、その場でできる処置（安全な場所への搬送、応急手当、保温など）を行なうことで、これに対し警察や消防、民間救助隊などによるプロフェッショナルな救助をチームレスキューという。山ではチームレスキューの到着までにどうしても時間がかかってしまうので、その間に適切なセルフレスキューを行ない、スムーズにチームレスキューにバトンタッチするというのが、最も望ましい流れとされている。

ファーストエイドは、セルフレスキューを行なううえで必要不可欠なノウハウであり、その有無がときに傷病者の生死を分けることもある。適切なファーストエイドが行なわれていれば命を落とすこともなかったのに、というような悔いだけは、誰だって残したくはないはずだ。

もちろん、適切なファーストエイドやセルフレスキューを行なっても、命を救えないこともある。発症したと同時に死亡してしまう可能性のある虚血性心疾患などの場合は、むしろ助からないことのほうが多いかもしれない。だが、わずかでも蘇生の可能性があるのなら、できることを行なうべきだ。

佐藤が遭遇した八方尾根の現場では、たまたまその場に居合わせた登山者らが協力しあって救命処置を行なった。だが、男性は意識を取り戻すことはなく、心肺停止状態がずっと続いたため、時間が経過するにつれ、諦めムードも漂いはじめていたという。

「私もそうでしたが、もう2時間以上も経っていたから、たぶんみんな内心では『これは厳しいだろうな』と感じていたと思います」

それでも医師だけは違っていた。ヘリがやってくるまで、諦めることなく、懸命に心配蘇生を続けていた。その姿は、今も佐藤の目に強く焼き付いている。

Ⅳ 人間が怖い

西穂独標滑落事故

山岳会同期の2人パーティ

山における危険は、たいてい上のほうから降りかかってくる。落石しかり、雪崩しかり、落雷しかり。だが、まさか人が落ちてくるとは、なかなか予測できるものではない。

ふと気配を感じて振り返った横山澄江《すみえ》（仮名・59歳）の目に飛び込んできたのは、引っくり返った亀のような状態で上から落ちてきた人の姿だった。次の瞬間、ぽーんと放り出されて宙を飛んだ感覚があった。ぶつかったときの衝撃は記憶にない。ただ、飛んだ感覚だけが記憶に残っている。

横山が小さな子供だったころ、シイタケ栽培をしていた親戚の手伝いで、週末が来るたびに里山を歩いて駒打ち（シイタケ菌を繁殖させた木片を原木に埋め込む作業）を手伝った。その、山に入っていく感覚が忘れられず、大人になってからも、ひとりで、あるいは友人を誘ってたまに低山に登っていた。子育てが一段落してからは、2ヶ月に1回程度の割合で登山ツアーに参加していたが、「ちゃんと山をやりたいな」という思いが徐々に膨らんできた。山の技術を学べるところをパソコンでいろいろ調べ、２０１０（平成22）年の4月、地元・千葉県内の社会人山岳会に入会した。

先輩後輩の上下関係や団体内の人間関係の煩わしさ、団体ならではの決まりごとやルールなどが敬遠され、１９８０年代ごろから山岳会は衰退の一途をたどり続けているが、横山自身は山岳会に所属することにとくに抵抗はなかった。それまではひとりで山に行くことに不安を感じていたので、逆に安心と楽しみのほうが勝った。入会していちばん最初の山行では山梨県の本社《ほんじゃ》ヶ丸《まる》という山に登り、「ああ、こんな山があるんだ」と新鮮な気持ちを覚えた。

以降、本格的に登山にのめり込んでいき、最初は月イチ程度だった山行は徐々に増え、それこそ毎週のように山に通った。経験を積んで自分で計画を立てられるようになると、会の山行だけでは飽き足らなくなり、個人山行も増えていった。２０１３（平成25）年からはもうひとつ、東京都山岳連盟（以下、都岳連）傘下の社会人山岳会にも籍を置き、冬山やロッククライミング、沢登りなど、よりレベルの高い登山へと活動範囲を広げた。

かつては、なにをするにしても家族単位で動いていたのが、山登りを始めてからは自分だけ別行動するようになったと、横山は言う。いつしか夫も彼女の影響で山に行くようになったので、２人でライトな登山を楽しむこともある。しかし、優先させるのは、あくまで自分が登りたい山だ。季節や天候、体調などを考慮して、自分が行きたい山を選んで計画を立て、仲間を誘って登りに行くという楽しみは、なにものにも代え難かった。山から帰ってきても、またすぐに「登りたい」という思いが募り、翌週には次の山へと足を向けていた。

　その横山とよくいっしょに山に行っていたのが、同じ都岳連傘下のほうの山岳会のメンバーである田原敏和《としかず》（仮名・47歳）である。田原は30歳のころ、知人に連れられて六甲山を縦走したのがきっかけで登山を始め、東京に転勤してきたのちに先の山岳会に入会した。歳は横山よりもひとまわりほど下だが、山岳会ではほぼ同期であり、技術レベルも同じようなものだったので、どちらからともなく誘い合って山に行く機会が増えていった。田原がこう言う。

「毎月２、３回はいっしょに行ってました。阿吽《あうん》の呼吸というんでしょうかね、しばらくいっしょにいれば、その日の相手の体調もわかるくらい、お互いに相手のことを知り尽くしています。ほんとうに安心して同行できる、山仲間のひとりです」

　そんな２人が２０１７（平成29）年のクリスマスの時期に計画したのが、北アルプスの西穂高岳独標への山行だった。独標（独立標高点）というのは、西穂高岳へと続く稜線上にある標高２７０１メートルの岩峰のこと。独標の直下まではほとんど危険箇所がなく（独標から先は険しい岩稜《がんりょう》となる）、岐阜県側から入山するならロープウェイを利用でき、ルートの途中には通年営業の山小屋・西穂山荘があることなどから、雪山入門者向けのコースとして、幾度となく山岳雑誌やガイドブックなどで紹介されてきている。

田原は、まだ雪山を始めて間もないころ、先輩に連れられて冬の独標に登ったことがあった。そのときに自分自身の技術の拙《つたな》さを痛感したので、今度は誰かに連れていってもらうのではなく、自力で登りたいと思い、信頼のおける横山に声を掛けたのだった。横山にとってはこれが初めての冬の独標だったが、技術的にはまったく問題ないレベルだと、田原の目には映っていた。

いざ、冬の独標へ

12月22日の夜、車で自宅を出た横山は最寄駅で田原と待ち合わせ、そこからは田原が運転を代わって現地へと向かった。その晩は、松本インターチェンジから安房《あぼう》峠へ向かう途中にある道の駅「風穴の里」で車中泊し、翌朝、安房峠を越えて岐阜県に入った。登山口となる新穂高温泉に着いたのが朝8時ごろ。ここで登山届を提出し、9時始発の新穂高ロープウェイに乗って山頂駅へ。暮れも押し迫った時期ではあったが、土曜日ということもあって、ロープウェイは登山者や観光客で賑わっていた。

山頂駅で身支度を整えた2人は、9時45分に行動を開始し、登山ベースとなる西穂山荘を目指した。気温は低く、空は灰色の雲に覆われ、ちらほらと雪が舞っていたが、雪山の人気コースだけあってしっかりトレースがついていた。

西穂山荘にはわずか1時間ほどで到着し、まずは受付をすませてテントを張った。まだ午前11時前だというのに、キャンプ指定地にはかなりの数のテントが張られていた。

計画ではここに1泊して独標を往復する予定だったが、独標行きを今日にするか明日にするかは、現地に行ってみて判断することにしていた。この時点での天気はあまりよくはなかったものの、行動できないほどの悪天候ではなかった。

軽く行動食を食べ、独標へ向けて出発したのが11時10分。シュラフ、コッヘル、ガスストーブなどはテントに残し、防寒具、テルモス（魔法瓶）、行動食、ツエルトを持った。もちろんアイゼンとピッケルは必携で、頭にはヘルメットを被った。

山荘から小高い斜面を登っていくと、間もなく森林限界を越え、標高２４５２メートルの丸山というピークに差し掛かる。前後して何パーティもの登山者が独標方面へ向かっていたが、ガスで視界が悪かったため、このあたりから引き返していく登山者も何人かいた。

「慣れていない人たちは引き返し、慣れている人たちは先に進むという感じでした。我々もどうしようかという話をしましたが、雪は降っていなかったし、トレースもはっきりしていて、体力的にも問題なかったので、先に進むことにしました」（田原）

アイゼンの爪を利かせながら雪の稜線をたどり、最後に岩峰を登り詰め、午後12時45分、２人は独標のピークに立った。ピーク上は体感で10メートル強の風が吹いており、軽く吹雪《ふぶ》いているといった状況だった。視界は20メートル弱で、ガスの切れ間からは、先にあるピラミッドピークや西穂高岳へと続く岩稜に何人もの登山者が取り付いているのが見えた。

独標のピークにも入れ替わり立ち替わり登山者がやってきて、少ないときで5、6人、タイミングによっては15、16人の登山者がいた。不慣れな初心者は直下の岩場の登り下りでビビってしまい、渋滞も生じていた。田原と横山は15分ほどピークに滞在して下りはじめようとしたが、順番待ちのためしばし待機しなければならなかった。

待っている間、ひとりで来ていた男性の登山者がそばにいたので、立ち話をした。

「混んでますねぇ」

「ええ、どちらへ行かれるんですか」

「明日、錫杖《しやくじよう》岳に行くつもりです」

「それはすごいですね」

男性は、身につけている装備とウェア、それに立ち振る舞いから、ひと目見ただけでベテランのクライマーであることがわかった。この日は足慣らしで独標に来たそうで、これから新穂高に下りて笠ヶ岳方面へ向かい、夜はツエルトで寝ると言っていた。

そうしているうちに人が途切れたので、クライマーの男性、田原、横山の順で、1メートルほど間隔を空けて下りはじめた。独標直下は、岩と雪がミックスした10メートルほどの急斜面となっているが、足元はしっかりしており、気をつければ前向きで下りることができた。大勢の登山者が登り下りしているため、雪にはアイゼンの爪跡が無数についていてザクザクした状態だった。

　アイゼンの爪を岩に引っ掛けてバランスを崩さないように注意しながら７メートルほど下りると傾斜が増したので、体勢を変えて岩と正対し、三点支持（岩場などの険しい場所で、手足４本のうち３本で体を支え、１本だけを動かして登り下りする技術）で下りることにした。その２メートルほどの難所を過ぎれば、下は平坦なテラスになっていた。

　こうした険しい岩場を通過するときは、万一滑落したときに巻き添えとなるのを防ぐため、ある程度の間隔を空けて行動するのがセオリーとなっている。このときも、先頭のクライマーの男性が「ちょっと待っていてくださいね」と田原にひとこと声を掛けて下りていった。田原はその場で待機し、男性が下のテラスに着くころを見計らってうしろ向きになり、小さな岩の出っ張りを摑み、アイゼンの前爪を雪面に刺して下りはじめた。田原の２、３メートルほど右上では、横山が岩にもたれかかるようにして腰を下ろし、田原が下りるのを見守っていた。

滑落者のドロップキックで崖下にふっ飛ぶ

そのときだった。青いウェアを着た登山者が、「わーっ」と声を上げながらドロップキックをするような体勢で上から落ちてきて、田原と目と目が合った。次の瞬間には横山がふっ飛ばされて宙を飛んでいた。横山の左手は長野県側にすっぱり切れ落ちた崖になっていて、横山はくるんと1回転しながら「きゃっ」とひと声叫び、崖の向こうに姿が見えなくなった。

「なにしてるん、バカっ！」

事故の瞬間を目の当たりにした田原は、思わず大声を上げていた。落ちてきたのは30歳前後に見える若い単独行の男性登山者で、横山がいた場所に、滑落してきた体勢のまま止まっていた。

「とんでもないことをしてしまいました。すいません」

取り乱しながらもそう謝る男性に、田原は「そんなことを言っている場合じゃありません。とりあえず下りましょう」と返して、安定した下のテラスまで下りた。

「大変なことが起きた直後なのに、なぜかものすごく冷静でした」

と、田原はそのときを振り返る。

続いて、横山が滑落した長野県側の谷に向かって、何度も大声で名前を呼んだが、返事はなく、姿も確認できなかった。それでも諦めずに名前を呼び続ける田原のかたわらを、何人もの登山者が通りかかった。そのうち半数以上の人は、「あー、なにかあったんだ」「事故が起きちゃったんだね」などと言いながら通り過ぎていったが、「どうしました？」「なにかできることはありませんか?」と言っていっしょに捜してくれる人もいた。

事故発生から5分ほど経ったとき、下から登ってきた名古屋の3人パーティが、呼び掛けを続ける田原に「警察には連絡しましたか? まだなら電話しましょうか」と声を掛けてきた。呼び掛けに夢中になっていた田原は、そこで初めて事故の一報を入れていなかったことに気づき、「はい、お願いします」と言って警察に連絡をとってもらい、途中で電話を代わって自分たちの名前や連絡先、現場の位置情報、事故の状況、視界の程度などを伝えた。また、所属山岳会のメーリングリストにもメールを送り、事故の発生を伝えた。

目視による懸命の捜索

事故発生直後は風が強く、ガスっていて視界も数十メートルほどしかなかったが、徐々に天気は回復しつつあった。現場には6、7人の登山者が留まって、声掛けや目視で横山を捜してくれていた。そのなかのひとりが、横山が滑落した谷へ下降するために「誰かロープを持っていないか」と聞いてきたが、先のクライマーの男性が「60メートルロープを持っているけど、谷が深すぎて無理だ。下からじゃないと行けない」と言ってその案を退けた。クライマーの男性はしばらく現場に残っていたが、気がつくといつの間にかいなくなっていた。

テラスのあたりからは、いくら捜しても横山の姿は確認できなかったが、独標方向へ少し上がった場所から捜索していた名古屋のパーティが、谷底の雪原《せつげん》に黒っぽい岩のようなものがぽっこり出ているのを発見し、「あれ、人じゃない？」と言い、その場がざわめき立った。
「新雪が降ったはずなのに、そこだけ雪が被っていませんでした。生きていてほしいという気持ちからか、それが動いているようにも見えました。横山さんが着ていた赤いハードシェル（雪山用アウター）のジャケットに見えるような気もしました。はっきりとは確認できないんですけどね」（田原）
そこで警察に電話を入れ、横山らしき人を発見したこと、動いているようにも見えること、天候と視界も回復してきていることを強く訴えた。当初、警察は「風が強いのでヘリを飛ばすのは難しい。西穂山荘から地上部隊の救助隊を出すか検討中」とのことであったが、現場の状況がよくなりつつあることが伝わり、「そのまま30分ほど、そこで待機していてください」という指示を受けた。
警察とのやりとりが一段落し、その場に残っていたほかの登山者はそれぞれの行動にもどっていった。最後まで残っていた名古屋のパーティも、「僕ら、もう行っていいですか」と言ってきたので、田原は「もちろんです。ありがとうございました」とお礼を言い、名前と連絡先を聞いておいた。現場で待機している間、彼らは携行していたグランドシートをツエルト代わりに使って寒さをしのいでいたが、その場を離れる前に「グランドシートは差し上げます」と言ってくれて、非常に助かった。

事故を起こした当事者の男性にも、横山への声掛けと捜索を手伝ってもらっていたが、なかばパニック状態に陥っており、「とんでもないことをしてしまいました」「申し訳ありません」を繰り返すばかりで、あまり役には立たなかった。

午後2時半になって警察から「ヘリが飛ぶことになりました。西穂山荘へ下りてください」という連絡があり、男性と2人で下山を開始した。ヘリが飛んでくれることを知らされたときには素直に「よかった」と思ったが、胸のなかは事故が起きてしまったことに対する後悔の念でいっぱいだった。

下りていくときには、天気はすっかり回復していた。登ってきたときとは打って変わり、頭上には快晴の青空が広がっていた。

断片的に残る救出までの記憶

一方、滑落時に気を失った横山は、しばらくして意識を取り戻した。どれぐらいの時間、意識を失っていたのかはわからない。ただ、滑落したことは認識していたという。「ああ、登らなきゃ」と思って体を起こし、這いつくばるようにして雪の斜面を登りはじめた。体の痛みなどはまったく感じなかった。

だが、ふと見上げると、山の稜線ははるか上のほうにあった。

「あ、これは無理だ」

と思ったとたん、再び気を失った。

その後、上空を飛ぶヘリに向かって手を振った記憶はかすかにある（実際、救助されるときに手を振ったという）。しかし、ヘリにピックアップされて搬送された記憶はない。

午後3時、田原たちが西穂山荘に帰り着いたときは、キャンプ指定地はほぼ満杯状態となっていた。警察や山岳会のメンバー、横山の夫らとの電話やメールでのやりとりなど、やるべきことはいろいろあり、それらをテントの中で淡々とこなした。

横山が長野県警のヘリに救助されたのは3時43分のことで、間もなくして田原にもその知らせが届いた。生きているかどうかもわからなかったので、生存していたと聞かされて、心から安堵した。

夜になり、山小屋での夕食が終わったころ、従業員が、キャンプ指定地までやってきて、大声でこう言った。

「明日は快晴という予報です。皆さん、ラッキーですね」

テント泊の登山者からは、わーっという大きな歓声が上がった。

「ただ、今日も滑落事故がありました。皆さん、充分に気をつけてください」

それを聞きながら、田原はひとりテントの中で涙を流した。

「天気予報を見て明日は晴れることがわかっていたのに、なんで今日、行ってしまったんだろうと思うと、涙が出てきました。また、横山さんが生きていることはわかりましたが、どの程度のケガなのかわからず、不安も大きかったですし」

独標から横山が下りてくるところ、男性が滑落してきて横山に衝突したところ、男性が土下座して謝っている姿、懸命に横山の名前を呼んで捜していたときのこと……頭の中では、さまざまなシーンがずっと繰り返しフラッシュバックしていた。

翌日、田原は男性といっしょに下山して、各々の車で松本警察署に出向き、別々に事情聴取を受けた。その後はひとりで、横山が入院している病院へと向かった。男性とは警察署で別れて以来、顔を合わせてはいない。

脳挫傷、腰椎骨折、顔面も複雑骨折していた

県警ヘリで救助された横山は松本市内の病院へ搬送され、集中治療室へ入れられた。その日の夜のうちに夫が駆けつけてきて、集中治療室で対面した。横山はすでに意識を取り戻しており、「私が落ちたわけじゃないからね」というのが夫への第一声だった。自分のミスが原因で

滑落したのではないということを伝えたかったのだが、夫は「なんでこの期に及んで言い訳をするんだろう」と思ったそうだ。

横山が救助されて病院へ搬送されたのち、夫のもとに病院から「大きなケガはなく、意識もはっきりしている」という連絡が入った。しかし、病院に行ってみると、脳挫傷《ざしょう》、腰椎《ようつい》の破裂骨折、顔面の複雑骨折などの重傷を負っていることがわかった。滑落時に片方の手のオーバーグローブとインナーグローブを失ったため、手は凍傷になりかけていた。救助されたときの体温は32度で、重度の低体温症にも陥っていた。

「寒かったので、がっつり着込んでいたのがよかったのだと思います。もし薄着だったら、低体温症で命を落としていたかもしれません。ヘルメットにしてもそうです。被っていたから死なずにすみました。ほんとうによく生きていたなと思います」（横山）

夫が担当医に「妻はまた山に行けるようになりますか」と尋ねてみたら、「山？　山どころじゃなくて、寝たきりになる可能性だってあるんですよ」と言われたという。

事故の翌日、病院を訪れた田原は、親族の前で泣きながら「申し訳ございませんでした」と頭を下げた。

「あのときは、『生きてくれていたんだ』という感謝の気持ちと、『申し訳ない』という後悔の気持ちが入り混じっていました。横山さんの旦那さんは、『田原さんのせいじゃないから』って言ってくれましたが、親族の方には合わせる顔がありませんでした」

それでもまた山に登る

松本の病院に横山は正月明けまで入院していて、その後、地元の病院に転院した。まるまる1ヶ月は寝たきり状態で、1月23日に初めて起き上がることができた。退院したのは2月で、3月10日には職場に復帰した。

「リハビリをしながらふつうの生活にもどるまでの時間はまだそうでもありませんでしたが、体が動くようになった夏ごろからですかね、週末、晴れているのが辛くて。山仲間があちこち行っているのに、私だけ行けなかったから。今の私から山を取ったら、なにが残るんだろうと……。あのときがいちばん精神的に辛かったですね」

気持ちが沈んで笑えなくなってしまったので、「どうにかしなきゃ」と思って、いろいろ調べてみて、「ラフターヨガ」に出会った。ラフターヨガというのは、ヨガの呼吸法に〝笑い〟を取り入れた健康法で、しばらく通ううちに効果が現れ、気持ちがだいぶ楽になった。

事故で負った脳挫傷によって視神経のあたりに出血があり、しばらく目が見えない状態が続いたが、少しずつ見えるようになってきた。複雑骨折した顔にはプレートを6枚入れ、その後、手術して抜いた。ただし、今も視野の一部は欠けており、顔にも鈍痛がある。左側の手足にもときどき痺れが生じる。

山登りは秋ごろから徐々に再開していって、翌２０１９（令和元）年には事故の前とほぼ同じような調子で歩けるようになった。ただ、山を歩いているときは、うしろが気になって仕方がない。後続の人とはなるべく離れて歩きたいというのが本音である。

登山を再開したことについて、家族はただ「気をつけなさい」とひとことだけ言って、あとはとやかく言わなかった。

「言っても無駄だと思ったのかもしれませんね」（横山）

息子夫婦が家に来ていたとき、たまたまＮＨＫのテレビ番組で冬の西穂高岳の映像が映し出され、それを見た夫が「お母さんはこのへんで落ちたんだよ」と言ったところ、息子から「こんな危険なところに行っていたのかよ」と言われた。

念願だった山への復帰を果たし、「さあ、これからまた本格的に登りはじめよう」と思っていた矢先、よもやの新型コロナウイルスの感染拡大が始まってしまった。登山も自粛せざるを得ず、思うように山に行けない日々が今も続いている。

事故を起こした男性は、事故の翌日、病院に謝罪に訪れ、その後も何度かお見舞いに来てくれた。スノーボードをきっかけに山を始めたこと、登山の経験はまだ1年ほどだったことを、あとになって知った。

一度だけ、彼に「ぶつかって私が落ちたとき、どう思いました？」と聞いたことがある。

「ヤバい！　と思いました」

それが彼の答えだった。

彼には「山が好きなら、山をやめないでくださいね」と伝えた記憶があるが、今、山を続けているのかどうかはわからない。ケガの治療費などは、先方が加入していた保険で補償された。最終的に、民事訴訟は起こさず、彼は刑事訴訟もされなかった。

どうすれば今回の事故を防げたか

前述したように、冬の西穂高岳独標は、雪山入門者向けのコースとして紹介されることが多い。しかし、田原は「頂上直下だけは、経験の浅い人には無理だと思う」と述べる。

「下のテラスまでだったら、初心者でも大丈夫だと思いますが、あそこだけは別格です。岩と雪のミックスになり、スタンス（足掛かり）とホールド（手掛かり）を見定めて三点支持で通過しなければなりませんから。岩場でのアイゼン・ピッケルワークは必須となります」

田原と横山が丸山まで登ってきたとき、そこに事故を起こした男性がいたことを田原は覚えている。独標まで行こうかどうか迷っているような様子でうろうろしている姿を見て、「ああ、この人は雪山に慣れていないんだな」と思ったことが印象に残っていたからだ。

そしてこの丸山での判断を、田原は今でも悔やむ。事故当日の天気予報は、午後から回復に向かい、翌日は確実に晴れるというものだった。

「丸山まで来たときにはまだ視界が悪かったので、引き返そうかなとも思ったんですが、行けるんだったら行っちゃいたいなと。翌日でもよかったのに、この日に『行く』という判断をしてしまったことは、いくら後悔してもしきれません」

もうひとつ、独標から下るときの行動にも、果たして適切だったのかという疑問がある。あの場所ではまだガスがかかっていて、横山のうしろから下りてくる男性の姿は確認できなかった。横山とどれぐらい離れていたのかわからないが、田原の目の届かないところでスリップしたのは間違いない。だったらなおさら、滑落のリスクがあることを想定して、「まだ下りてくるな」「距離を空けろ」と声を掛けるべきではなかったかと思うのだ。

「危険な場所では距離を空けるということを徹底していれば防げたのではないかと思うんです。独標まで来た達成感に浮かれていて、注意力が散漫になっていたような気がします」

視界のないガスのなかで、上から人が落ちてくることを想定して、それに備えるというのは、ふつうはできない。万が一のレアケースに対するリスクマネジメントをいちいち考えていたら、とても山には登れたものではない。

だが、山ではなにが起きても不思議ではない。予測するのが非常に難しい、思いもよらぬ危険が、あるとき突然、自分に降りかかってくるかもしれないのが、山の恐ろしさである。

山では自分が他者を傷つける危険がある

と同時に、このケースのように、自分自身が他者を傷つける危険な存在になってしまうことがありうるのも山だ。

２０１１（平成23）年８月７日、８歳の孫を連れて奥穂高岳に登った60代の夫婦が、涸沢へ向けてザイテングラートを下っているときに落石が起きた。その落石を受けた孫がバランスを崩して滑落、咄嗟《とっさ》に手を伸ばして助けようとした祖父もいっしょに滑落してしまった。

２人は岩場を40〜50メートル滑落し、約１時間後に長野県警のヘリに救助されたが、祖父は頭の骨を折っており、搬送先の病院で死亡が確認された。全身を強く打って意識不明に陥っていた孫も同日夜に息を引き取った。

この事故の原因となったのは、ほかの登山者による人為的落石だった。落石は、涸沢からザイテングラートを登ってきた登山者が、３人とすれ違った直後に起こしたもので、不幸にもそれが孫に当たってしまった。ただし、登山者が起こした落石が直撃したのか、誘発による落石が当たったのかはわかっていない。祖父の滑落は落石によるものではなく、孫を助けようとしてバランスを崩してしまったものと見られている。

　北アルプスに代表される険しい岩稜帯には、大小の岩や石が不安定な状態で無数に堆積しており、落石が起きやすい状況となっている。そのような場所で石を落とさないように歩くのは、重要な登山技術のひとつである。ところが、その技術を身につけないまま北アルプスなどの稜線にやってくる初心者があとを絶たず、彼らが引き起こす人為的落石がかねて問題になっている。危険なのは落石だけではなく、雪山では斜面の上部にいる登山者やスキーヤーが誘発する雪崩事故も起きている。

保険に加入しておくのも一案

　山に登る以上、自分が遭難するかもしれないというリスクは常についてまわる。と同時に、人を遭難させてしまうかもしれない可能性もゼロにはできない。自分自身の体験を踏まえ、田原がこう強く訴える。

「山では誰でも加害者になりえます。自分の限界にチャレンジしたいという気持ちもわかりますが、ほかの人を巻き込んではなりません。場合によっては、自分のミスで人を殺してしまうかもしれないという認識を、登山者は持つ必要があります」

　先輩から後輩へ、あるいは仲間同士で、登山技術や知識が継承される山岳会や山岳部では、なぜ険しい岩場では間隔を空けなければいけないのか、ガラガラと石を崩すような歩き方をしてはならないのかなど、ほかの登山者に危険が及ぶ行為とその防止策をしっかり教えてくれる。しかし、現代の登山者の大半を占める未組織登山者（山岳会や山岳部などに所属していない登山者）のなかには、なにが危険なのかをわからないまま山に登っている者も多い。これは非常に危うい状況である。

また、たとえ技術や知識をひととおり身につけた登山者でも、ヒューマンエラーを１００％防ぐことはできない。判断ミスやうっかりミスは往々にして起こりうることであり、それがほかの登山者を巻き込んでしまうことだって充分考えられる。

万一、遭難したときに備えて、捜索や救助にかかる費用を補償する山岳保険への加入者は、ひと昔前と比べるとずいぶん増えてきているように感じる。だが、個人賠償責任（自分の過失によってほかの登山者を死傷させてしまった際の補償）までをカバーしている保険に入っている人は、おそらくそれほど多くはない。

本来なら、個々の登山者が技術と知識をしっかり学び、事故を起こさず、また回避できるようになることが望ましいのだが、なかなかそうもいっていられないのが現状である。

保険会社のお先棒を担ぐつもりは毛頭ないが、まだ事故が起きないうちに、個人賠償責任を補償する保険への加入を検討してみてはいかがだろうか。

雷鳥沢キャンプ場盗難事件

立山での1泊2日のテント山行

土屋祐司《ゆうじ》（仮名・46歳）が登山を始めたのは２０１２（平成24）年ごろのこと。大雪渓と豊富な高山植物で登山者の人気を集める北アルプス白馬岳の南、標高１９００メートルに広がる高層湿原・栂池《つがいけ》自然園を家族で訪れたのがきっかけとなり、ファミリーハイキングを楽しむようになった。また、義理の弟が登山を趣味にしていたことや、仕事関係の後輩が山に登りはじめたことにも影響され、自身も徐々に登山に魅せられていった。

最初のころは主に家族が同行者だったが、そのうち後輩といっしょに行くことのほうが多くなった。たまには単独でも登るが、ほとんどの山行は後輩といっしょだ。登山の頻度は２、３ヶ月に1回、多いときで１ヶ月に1回ぐらい。たいていは日帰り登山だが、年に数回は小屋泊まりやテント泊で山に向かう。登山の知識や技術は山岳雑誌などを通して学び、初めて雪山に行く前には雪山講習会に参加した。

とりあえずの目標は、山の文学者として知られる深田久弥《きゅうや》が選定した「日本百名山」の踏破。少しずつでも登り続け、いつか達成できたらと思っている。

２０１９（令和元）年9月、その土屋がひとりで向かったのが、北アルプスの立山だった。この年はまだテント山行をしておらず、以前から立山にも行ってみたいと思っていたことから計画した1泊2日の山行だった。立山は標高３０００メートル級の高山であるが、バスやケーブルカーなどを乗り継ぐアルペンルートを使えば、登山口となる標高２４５０メートルの室堂《むろどう》に労せず立つことができる。室堂から1時間ほど歩けば快適な雷鳥沢《らいちょうざわ》キャンプ場があり、周囲の山々への恰好の登山ベースとなる。

「自分にはまだテントを担いで縦走するだけの力量がないこと、雷鳥沢にテントを張れば雄《お》山《やま》～大汝山《おおなんじやま》～富士ノ折立《おりたて》を周回できることを考えて、立山を選びました」と、土屋は言う。

自宅を車で出発したのが9月6日の未明で、アルペンルートの起点となる扇沢《おうぎざわ》に到着後、車内で2、3時間ほど仮眠をとった。アルペンルートの始発に合わせて準備を整え、電気バス、ケーブルカー、ロープウェイ、トロリーバスと乗り継いで、室堂に到着したのが午前10時過ぎ。室堂ターミナルから重さ13、14キロのザックを担いで雷鳥沢キャンプ場へ向かい、幕営の受付をすませた。

キャンプ場の敷地内では、自分の好きな場所にテントを張ることができる。土屋が選んだのは、人の行き来がある石畳道の十字路の脇で、周囲には5メートル弱の距離に2、3張のテントが張ってあった。ひと気のないキャンプ場の隅っこのほうにテントを張ってのんびりくつろぎたいという気持ちもあったが、明日はテントを張ったままで山に行く予定にしていたので、防犯の意味である程度は人目につきやすい場所のほうがいいだろうと考えた。

テントを張って昼食をとったあとは、前夜ほとんど寝ていなかったので、テントの中で昼寝をした。一時、雨がパラついたが、夕方には上がっていた。夕食前のひとときは、周辺を散策がてら、日本一標高の高いところにある天然温泉、みくりが池温泉に行ってみた。しかし、日帰り入浴の受付時間はもう終了しており、湯に浸かることはできなかった。仕方ないので、明日、帰りがけにまた立ち寄って汗を流すことにして、キャンプ場にもどってきた。

その晩は天気がよく星空がきれいだったので、夕食後、カメラで星空をタイムラプス撮影（一定の間隔で連続撮影した写真を繋ぎ合わせ、パラパラ漫画のような動画を作製する方法）した。撮影のためカメラを外に置きっぱなしにしたままなので、近くで人の気配や足音がするたびに、カメラを盗まれやしないかと心配になり、何度かテントから顔を出してカメラの無事を確認した。星空のタイムラプス動画は、うまく撮影できていた。

ベースではテントの置きっぱなしが常識だが……

翌7日は朝6時ごろ起床し、朝食をとったのち、6時40分ごろから行動を開始した。

ザックに入れたのは、雨具、防寒具、行動食、ハイドレーション、貴重品など日帰りの装備一式。テントは張りっぱなしで、山から下りてきたら撤収するつもりだった。

歩きはじめておよそ20分後の7時ごろ、雷鳥荘のあたりまで登ってきたところで、ふとキャンプ場を振り返ってみたときに、「あれ?」と思った。自分が幕営した場所に、テントが見当たらなかったからだ。

「おかしいな、テントがないぞ。風で飛んだのかな。なんらかの理由で管理人が移動したのだろうか。それとも日陰になっていてただ見えないだけ?」

まさかテントがなくなるなんてことはあり得ないよな、と思いながらも、いろいろな可能性が頭をよぎった。もしかしたら盗まれたのかも、ということも考えた。

しかし、なにかの間違いだろうという気持ちが強く、引き返そうかという思いを打ち消した。かりに盗まれたのだとしたら、犯人はもう逃げているだろうから、引き返したところでどうにもならないという気持ちもあり、とりあえずそのまま登山を続行した。

ここで断っておくが、登山者が数日間テントを張って周囲の山に登る場合、出掛けるたびにいちいちテントを畳んだりはしない。キャンプ地から日帰りで山に行くとき持つのは、必要な登山用具と貴重品、それに食料と水ぐらいで、テントやシュラフ、炊事用具などは置いていく。

山で使わないものをわざわざ持つのは労力と時間の無駄であり、このことは「山ヤは他人のものを盗んだりしない」という前提のもとで成り立っている。だから一箇所のキャンプ地での滞在期間中は、たいていずっとテントは張りっぱなしのままで、登山中に使用しないものはテントの中に置く。

登山をしない人は「なんと不用心な！」と思うかもしれないが、登山者の間でそれが当然のこととされているのは、これまで盗難被害が報告されたことなどなかったからであろう。

やはりなくなっていた

さて、この日は天気がよく、登山者の渋滞もなく、マイペースで快適に山を歩くことができた。だが、頭の片隅ではテントのことが気になっていた。雄山のあたりからはキャンプ場が見えたが、距離がありすぎてテントの有無は確認できなかった。デジカメでキャンプ場の写真を撮影してモニタで拡大してみると、テントはなさそうに見えたがはっきりとはわからなかった。

山から下りてきたのは、午後12時半ごろのことである。キャンプ場に帰ってきてみると、やはり自分のテントはなくなっており、別のテントが張られていた。そのテントの主に「ここにテントが張られていませんでしたか」と尋ねると、「僕がここに来たのは10時半ごろですが、なにもなかったので、ここに張りました」という答えが返ってきた。

風で飛ばされてそのへんに転がっているのかもしれないと思い、あたりを見回してみたが、それらしきものは見当たらなかった。ならばとキャンプ場の管理事務所に行き、移動したテントがあるかどうか確認してみたが、「そんなことはしていない」とのことだった。

「朝9時ごろ清掃したときにはテントはなく、ゴミが散らかっていた」

そう管理人は言った。

「まさか、とは思うんだけど、ほんとうになくなっているんですか」

「ええ、なくなっています」

このときに管理人から、実は前日にも、山をひとつ越えたところにある剱沢《つるぎざわ》キャンプ場で、テントと大型ザックが盗まれる事件が起きていたことを知らされた。状況からすると、土屋のテントも盗まれた可能性が非常に高かった。

朝、土屋が途中で振り返ってみてテントが確認できなかったのは、おそらく見間違いではなかった。つまり、出発直後の6時40分から7時までのわずか20分ほどの間にテントは盗まれたことになる。テントの出入り口のファスナーには小さなダイヤル鍵をかけていたが、出入り口を絞る紐を解いてしまえば簡単に取れるので、気休めでしかなかった。

「私の出発を確認し、出発してすぐに持ち去っているわけですから、私から見える範囲にいた人が犯人なのでしょう。〝ときすでに遅し〟だったと思います。ザックの中にしまわれてしまえばわかったとしても私のものだと証明することもできませんしね」

被害総額はざっと十数万円

盗まれたテントは、「ニーモ」というアメリカのブランドの、日本特有の高温多湿な気候に対応するようにつくられたモデルで、備品とセットで6万円以上で購入したものだった。そのほか、シュラフ、エアーマット、ジェットボイル（ガスストーブ）、ランタン、テーブル、チェアー、Tシャツなど、幕営地に置いていたすべてのものがなくなっていた。テントとシュラフ、マット類は前年に購入したもので、今回が4回目の使用であった。Tシャツはこの年に購入して初めて着たものだった。被害総額は、ざっと見積もって十数万円になるものと思われた。

「私はこのキャンプ場に8年いるが、今までこのようなことはなかった。もし盗難だとすれば、非常に怪《け》しからんことだ。再発防止のために『防犯カメラを設置する』という話になるかもしれないが、ただ、大自然のなかのこうした場所にカメラを設置するのはいかがなものかと思う」

キャンプ場の管理人はそう言って大いに憤慨し、すぐに室堂にある上市《かみいち》警察署の派出所に連絡を入れてくれた。

1時間ほどすると富山県警山岳警備隊の隊員がひとりでやってきて、簡単な事情聴取を受けた。隊員の話によると、前日に剱沢キャンプ場で起きた盗難事件では、「テントとザック以外の盗品の一部は、キャンプ場の脇のほうに捨てられていた」とのことであった。土屋と隊員もいっしょにキャンプ場をひとまわりして、盗まれたものが捨てられていないか確認したが、なにも見つからなかった。

その後、「詳しい調書をとるので、派出所へ行ってください」と言われ、ひとりで室堂へ向かった。隊員は周辺で聞き込み捜査を行なうため、現場に残った。土屋が聞き込みに同行しなかったのは、「もし被疑者がいた場合や盗難品が見つかった場合、被疑者がなにも言わなくなったり、お互いが気まずくなったりする可能性もある」との配慮から、隊員に指示されてのことであった。

土屋がひとつ心残りに思っていたのは、前日に入れなかったみくりが池温泉のことだったので、「途中で温泉に寄っていいですか」と尋ねてみたが、「事情聴取が長引くとアルペンルートの最終に間に合わないかもしれないので、申し訳ありませんが温泉には寄らずに派出所に行ってください」と言われた。

「状況から考えれば当たり前なんですが、『せっかくここまで来ていたので温泉に入りたかったな』というのが正直な気持ちでした」

室堂の派出所では、応対した山岳警備隊員にとりあえずこれまでの経緯を報告し、相談届を提出した。隊員の話によると、このような盗難被害に遭った際の手続きとしては、「被害届」

と「相談届」の２つがあるとのことだった。今回のケースでは、なくなったものが個人の所有物であることを証明するのが難しく、被害届としては受理されない可能性もあるので、まずは相談届という形で提出してはどうか、というのが隊員のアドバイスであった。

相談届でも被害届同様、捜査は行なえるし、保険請求時に必要な届出番号も発行され、その後「事件性がある」と判断されれば被害届に変更もできるという。剱沢キャンプ場で起きた盗難事件の被害者が提出したのも、相談届だった。

こうした説明を受け、土屋も相談届を提出することにした。

ひととおりの聴取が終わったころ、現場で聞き込み捜査を行なっていた隊員が派出所にもどってきた。

「手掛かりはありませんでした。すみません」

そう報告を受けたのち、アルペンルートで山を下り、その日のうちに帰宅した。

一部の品が見つかる

山から帰ってすぐ、土屋は立山での出来事を文章にまとめ、「テント、無くなりました。」というタイトルを付けて、登山・ハイキングのＳＮＳサイト「ヤマレコ」にアップした。投稿には盗難被害に遭った経緯を記し、情報提供を呼び掛けるとともに、ユーザーに対して次のように注意を促した。

〈本当、このような投稿をするのは不本意ですし、信じられません！
山はみんなが楽しむ場所、満足・満喫する場所です。
それ故、紳士協定があり成り立っているものと思っています。
今後、皆様もこの様な事が起きないよう、ご注意下さい〉

9月9日には上市警察署から連絡があった。雷鳥沢キャンプ場と剱沢キャンプ場での盗難事件について、被害届として受理することになったという。届出は最寄りの警察署で受け付けてくれるというので、この日のうちに津久井警察署に出向いて手続きをした。警察署では1時間半ほどかけて盗まれたものを一点一点確認し、それぞれの価値金額（製品の定価ではなく、中古品としての予想金額）を算出した。

そして9月25日、上市警察署から再度、携帯電話に着信があった。「被害に遭ったものと思われるシュラフなどが見つかった。可能であれば確認しに来てもらいたい。捜査の関係もあるので、できれば早い日程が望ましい」との連絡だった。

これを受けて27日に車で富山に向かい、午後1時過ぎに上市警察署に到着した。発見されたものをひとつひとつ確認した結果、テント、ランタン、チェアー、ペグ、枕以外のものはほぼすべて揃っていた。これらは、雷鳥沢キャンプ場の管理小屋近くのベンチの下に押し込まれるようにして置かれていたという。放置されたのが事件当日だったのか、数日後だったのかはわからない。発見されるまでしばらく時間がかかったので、すべて雨に濡れた状態だったという。

「捨てられていた状況を聞いたときは残念な気持ちでした。犯人がほしいと思ったもの、必要なものだけを持ち帰り、不要だと判断したものは捨てられたわけですから。ただ、上市警察署の元山岳警備隊員の方が、少しでも乾かしておこうとして、シュラフを干してくれていました。その気持ちはとても嬉しかったです」

発見されたもののほとんどは自分のものと確認でき、その場で返却され、家に持ち帰った。シュラフ、Ｔシャツ、カップなどは洗浄し、再び使えるようになった。ジェットボイルのコジー（ネオプレン製のカバー）は剝がれていたが、使用に支障はなかった。

SNSでは山好きから「許せない」と大反響

まだもどってきていないテントなどについては、転売される可能性があったので、オークションサイトに出品されていないかしばらくチェックしていた。

「似たような出品はありましたが、目印をつけていたわけではないので、明確に私のものだと証明することはできません。付属している張り綱などを交換されてしまえば、なおさら手の打ちようがありません。ですから、応札などの対応はできず、数ヶ月後には確認もしなくなりました。もどってきたものはそれで善《よ》しとして、あとはもうしょうがないかなという諦めの気持ちでした」

前述したとおり、土屋は雷鳥沢キャンプ場で盗難被害に遭った経験をヤマレコにアップしたが、警察との一連のやりとりや、盗難品の一部が見つかったことなどについては公表しなかった。というのも、万一犯人がその投稿を見たとしたら、警戒してなんらかの対策をとられてしまうと考えたからだ。

ヤマレコへの投稿は大きな反響を呼び、わずか1ヶ月弱の間に閲覧数は7、8万件に達した。その多くは、「ひどい」「あり得ない」「許せない」「信じられない」といった反響だった。さらにそこから拡散していることを考えると、相当数のユーザーが土屋の投稿を目にして同じような思いを抱いたものと想像される。

投稿を見た山岳雑誌「山と溪谷」および登山ウェブマガジン「YAMA HACK」の担当者からも連絡が入り、この一件は雑誌とインターネットでも記事になった。また、ヤマレコの一ユーザーから「もうテント泊の山行はしなくなったので……」との申し出があり、テント、ストーブ、コッヘルなどを譲られた。

「〝捨てる神あれば拾う神あり〟とはこのことかと思いました。とてもありがたく、嬉しかったです」

ＳＮＳを通した反響の大きさに、土屋は改めてネット拡散のすごさを思い知った。と同時に、その怖さも感じ取っていた。

「ヤマレコのユーザーは私と同じ山好きな人がほとんどなので、私の真意は汲んでくれるでしょうけど、そうでない方は違う受け取り方をするかもしれません。ひとつ間違えると、誤った意図が拡散して炎上してしまうこともありえたので、投稿時の文言には注意したつもりです。それでも便乗メッセージのようなコメント（犯人は外国人に違いない、といったようなコメント）もあったので、判断・対応は難しいなと思いました」

犯人逮捕

その後はなんの進展もなく、テントはもどってこないまま1年が過ぎようとしていた。もうテントのことは諦めていたが、インターネットや雑誌などを見て心配してくれた人たちに経過報告だけでもしておこうと思い、どんな内容でヤマレコに投稿しようかと考えていた。そこへ飛び込んできたのが、上市警察署からの「テントが見つかった」という知らせだった。２０２０（令和2）年9月18日のことである。

「1年前の盗難事件の犯人と思われる人物が捕まりました。土屋さんの所持品と思われるものがあるので、確認に来ていただけませんか」

そう言われ、23日に現地へ行くことにした。

この日も車で富山に向かい、前回同様午後1時ごろ上市警察署に到着した。まず最初に行なったのは、今回押収された品物を写真で確認することだった。写真に撮られた品物は自分のアイテム以外のものが多く、なかには犯人の免許証もあった。続いて実際の品物を一点ずつ確認していった。テントはやはり張り綱が変えられていたうえ、製造番号が記されたタグが切り取られていた。チェアーには犯人が自分の名前のマーク（名前の一文字を○で囲んだマーク）を油性ペンで書き込んでいた。その後、実際にテントを張り、チェアーを組み立てて写真を何枚か撮影し、午後5時ごろに終了した。

新聞報道などによると、犯人は50歳の男性で、9月15日の夜、剱沢キャンプ場で盗んだザックを草むらに捨てているところを、ザックの持ち主である登山者に見つかり、私人逮捕に至ったとのこと。この登山者は自分のテント内にいたが、外に置いていたザックがなくなっていることに気づき、あたりを捜していて犯人を見つけたという。犯人のテント内からは、この登山者が所持していたほかの登山用具も見つかったが、その犯人のテントというのが盗まれた土屋のテントだった。犯人は盗んだテントを転売したのではなく、自分で使っていたわけである。

最終的にテントやチェアーなどが土屋のもとにもどってきたのは、三たび富山に出向いた10月18日のことであった。ランタンやペグなど一部の用具は、もどらずじまいだった。

対応した警察官の話によると、「前年の剱沢キャンプ場での盗難事件が同一犯によるものかの確証はない。ただ、犯人の家宅捜索では、たくさんの登山用具が押収された」とのことであった。

後日、「犯行時、犯人がどのへんにいたのかわかったら教えていただけませんか。常に見える位置にいたのかなどがわかれば、今後の対策の参考にもなるので」と尋ねてみたが、「捜査情報になるので」とのことで教えてはもらえなかった。

もどってきたテントなどについては、当初「どこの誰かわからないヤツが盗んで使っていたものだから、正直使いたくないな」という気持ちがあった。しかし、「せっかく返ってきたのだから、ひとつの出来事として捉えて使うことにしよう」と思い直し、今も使い続けている。

犯人が逮捕され、盗まれたものがもどってきたこともあり、「これで一区切りついたな」と思い、「テント、戻って来ました。」と題して、これまでの経緯をヤマレコに投稿した。

その後、犯人は3件の窃盗容疑で起訴されたことを聞いた。

「私は盗んだ登山用具を転売しているのだろうと考えていたので、『常習的に窃盗し、自分で使用していた』ことにちょっとびっくりしました」

と土屋は言う。

後日、犯人の弁護士から連絡があり、「被害届提出時の被害総額を支払うことで、示談にできませんか」と持ちかけられた。該当する金額は7万6690円で、そのほか富山に3回、津久井警察署に1回行った交通費および時間と労力がかかっている。弁護士に「一般論として、その交通費などについても請求できるのか」と尋ねてみたところ、「被害に遭ったものについては請求対象となりますが、交通費などの費用については対象外です。これは交通事故でも同様です」との回答だった。

とりあえずは「いったん考えます」と回答したが、最終的には「宥恕《ゆうじょ》（相手を許すこと）なしの示談」で終えることにした。

その弁護士にも犯人がいた場所を尋ねたら、大まかな位置を教えてくれた。その情報によると、土屋のテントと管理棟の間、同じ並びに張っていた数張りのテントのうちのひとつが犯人のものだったようだ。

登山用具の盗難は近年増加の印象

登山中に登山用具が盗まれるという事件がいつごろから起こりはじめたのかはわからない。大昔、冬山用にデポ（長期におよぶ冬山登山に備えて、シーズンが始まる前に食料や燃料などをあらかじめ冬季小屋に担ぎ上げて保管しておくこと）しておいた装備が使われる（あるいは盗まれる）といった事件はたまに起きていた記憶があるが、山小屋や幕営地で登山用具が盗難に遭うという話が聞かれるようになったのは、比較的近年のことのように思う。

被害に遭うのは、テントをはじめザック、登山靴、ウェア類、ピッケル、アイゼン、ストーブ、小物類など多岐に及ぶ。いずれのアイテムにしても、高価なブランドのもので、購入したばかりの新品が狙われやすい。たとえば海外ブランドの登山靴は6万円以上するものもざらにあるし、ブランドによっては登山用のジャケットに10万円以上の値がついている。こうした商品はネットオークションなどで高額で取り引きされるので、盗難事件の多くは転売目的と思われるが、登山用具マニアが自分のコレクションに加えるため、あるいはただ単に自分で使いたいために盗む者もいるようだ。

被害に遭う場所は、山小屋が圧倒的に多い。とくに玄関先の下駄箱に置いた登山靴や、乾燥室に吊るしておいたウェア類などが盗まれる事件が目立っている。登山靴の場合、同じモデルの同じサイズのものを履いている場合もあるので、ただ取り違えたという可能性もあるが、おろしたての靴を履いてきたのに、残っていたのが履き古した靴だったりした場合は、確信犯にまず間違いない。

キャンプ場の場合は、土屋のケース同様、テントの主が山に行っている間に被害に遭っている。盗まれるものは、テントそのもののこともあれば、テント内に置いていたシュラフやマットなどその他の登山用具のこともある。また、山頂が登山道からちょっと外れたところにある山では、登山道にザックを置いて山頂を往復してくる間に、ザックを漁《あさ》られて貴重品などが盗まれるという被害も発生している。

山で盗難に遭えば命が危うい

登山用具の窃盗が問題なのは、その行為自体が犯罪であることはもちろんだが、盗まれたものによっては命に関わる事態にもなりかねないからだ。たとえばピッケルやアイゼンは、雪山での転滑落を防ぐために必要不可欠なものであるが、山中でそれを失ってしまったら、もうそれ以上行動することはできない。無理に行動すれば、滑落して命を落とすことになってしまう。

登山用具というのは、山という厳しい自然環境のなかで、リスクを回避する目的で使われるものがほとんどだ。今回被害に遭った土屋もこう言っていた。

「山から下りてきたときは、『どういうこと？　なんでテントごとなにもないの？』と、疑問だらけの状態でした。ただ、〝ない〟以上どうにもならないので、『まあ、とりあえず帰ろう。警察にも連絡したし、そのうち見つかるだろう。しょうがない……』と、やや軽い気持ちでいました。おそらく、山に来ていたこともあって、気持ちが若干大らかになっていたんだと思います。でも、私の場合、あとは帰るだけだったからまだよかったようなものの、連泊や縦走だった場合は死活問題です。まだ雪が降る時期ではありませんが、朝晩はかなり冷え込むので、命にも関わってきます」

登山用具を盗むということは、人の命を危険に晒すことであり、そういう意味で最も卑劣な行為である。

ついでにいえば、登山者の多くは、自分が所有している登山用具に愛着を持っている。それがこつこつとお金を貯めてやっと購入した憧れの一品ならば、なおさら愛着は深い。登山用具の窃盗は、その気持ちを踏み躙《にじ》る行為でもあるから、よけいに許し難い。

「山男に悪人はいない」などと思うな

悲しいかな、山にやってくる人たちのなかのごくごく一部には、このような卑劣な輩《やから》が存在する。「山男に悪人はいない」などとは、ゆめゆめ思わないほうがいい。

登山用具の盗難に対しては、残念ながらこれといった効果的な予防策がない。登山用具の盗難や破損を補償する保険に入っておくのは一案だが、問題の根本的な解決にはならない。いちばん簡単で手っ取り早いのは、ありきたりだが、字を書き込めるものには自分の名前やマークを入れておくことだ。昔はテントなどに山岳会の名前が大きく油性ペンで書かれていたものだ。ちょっと見栄えはよくないが、効果は期待できるだろう。

テントやザック、ウェアなどには、自分のものだとわかるワッペンなどを縫い付けてもいい。

また、メーカーやショップによっては、ウェアなどの商品に名前を入れるサービスを実施しているところもあるので、利用してみる価値はある。

１００％の抑止力にはならないかもしれないが（ナイフで切られてしまえばおしまいなので）、盗難防止にワイヤーロックを利用している人もいる。テントやザックのファスナー、登山靴の靴紐を通す穴などにワイヤーロックをかけておけば、ある程度は有効だろう。

基本的なことだが、貴重品はもちろん、盗まれて困るものは身につけるか、なるべく身近に置いておくことも重要だ。人の目の届かない乾燥室などはリスクが高いので、利用しないほうが無難である。どうしても利用しなければならないのなら、ワイヤーロックなどで自衛するに越したことはない。

世知辛《せちがら》い下界を離れて山に来ているというのに、盗難被害の心配をしなければならないのは、なんともやりきれない。人の悪意が山にまで及びつつあるのは悲しいが、それが現実である。

おわりに

実際に起きた山岳遭難事故を取材・検証して記録するという作業を私はこれまで続けてきており、本書もその一環といっていい。ただ、最初に書いたように、山をあまり知らない人にとっては、ちょっとびっくりするようなレアケースの事例を並べてみた。

どの事例にしても、資料集めから取材・執筆を通して自分の記憶に深く刻まれたものばかりであるが、個々についての雑感を簡単に述べておきたい。

一度でも経験したことがある人なら深く同意していただけると思うのだが、山で遭遇する雷ほど恐ろしいものはない。私もかつて、白馬乗鞍《のりくら》岳で雷雲にすっぽり包まれたことがあるが、周囲の大気だか岩だかが「ブーン」というような音を発しはじめたときには生きた心地がしなかった。ヒュッテ大槍近くでの落雷事故は、「信濃毎日新聞」の検証記事のおかげで当事者に連絡がとれ、取材をすることができた。雷の直撃を受けながら一命を取り留めた男性の証言は大変貴重である。ほぼ同じ時間帯にすぐ隣の槍ヶ岳山頂で被雷した人が死亡していることからすると、命が助かったのは奇跡といっていいだろう。

上高地の小梨平キャンプ場におけるクマによる人身被害は、被害者にとってもクマにとっても不幸な事故であった。登山者やキャンパーの食料管理や残飯処理の問題が、結果的に野生生物を引き寄せ、不要な摩擦を招いてしまうことが、近年は各地で起きている。クマと人間との距離感の変化、人を恐れない新世代のクマの出現といった点が指摘されている昨今、山小屋やキャンプ場の管理者、地元自治体などを含め、山岳界全体としても新たな対応策の構築が急務となろう。

ハチ毒のアナフィラキシーの2つの事例については、被害者はいずれもアナフィラキシーショックにより危険な状況に陥ったが、一方は助かり、一方は命を落とすという明暗を分ける結果になってしまった。取材を通して感じたのは、地面に営巣するオオスズメバチやクロスズメバチの怖さだ。バリエーションルート（整備された一般登山道以外のルート）の登山や沢登りなどでは、人の手が入っていない自然のままの山の中を歩くことがよくあるので、知らないでうっかり巣を踏んづけてしまうリスクが高い。このような場所では、どこかに巣があるかもしれないという前提で行動するしかないだろう。

技術・知識・装備のいずれも足りない状態で冬の富士山に登ろうとして遭難騒ぎになるというケースは、数年に一度ぐらいの割合でニュースになっている。ちょっとでも想像力を働かせれば、それがいかに無謀な行為であるか理解できそうなものだが、わからないのが不思議でならない。もし、当事者が2人の大学生と行き合わなかったら、間違いなく死んでいただろう。その大学生2人には直接お会いして話を聞くことができた。40歳近く歳が離れた若い登山者と、おそらく初めて話をして、彼らに今の登山界や登山者がどう見えているのかが窺い知れ、とても新鮮で興味深い取材だった。

　奥秩父の滝川本流における事例は、4件の事故が立て続けに起きてしまった前代未聞の出来事であった。本文でも触れたが、この沢では昔から遭難事故が多発している。つい最近も、沢登り教室の事故現場と同じ場所で滑落して遭難した、渓流釣りの男性から話を聞く機会があった。私自身、オカルト話はほとんど信じないほうだが、この沢に関してはネガティブな話ばかり聞いてきたので、あまり印象はよくない。なるべくだったら近づきたくはないというのが正直なところだ。

　刈田岳井戸沢でのバックカントリー中の事故の当事者は、私の知り合いである。彼の体験を初めて聞いたとき、雪に開いた穴にスキーが引っ掛かって宙吊りになってしまうなんて、にわかには信じられなかった。と同時に、漫画のようでどことなく滑稽な印象を受けたが、のちに事故報告書に目を通し、命を落とす寸前の深刻な状況であったことを知った。事故報告書が送られてきたとき、彼は私に「同じような事故が起きないように、検証記事を書いてくださいね」と言った。ずいぶん長い時間がかかってしまったが、ようやくその約束を果たすことができ、ちょっとホッとしている。

　後立山連峰の唐松岳で急患が発生した件は、Facebookの投稿で知り、早速、当事者に連絡をとって経緯を取材させていただいた。残念ながら急患の男性は助からなかったが、たまたま現場を通りかかった何人もの登山者が、男性を助けるために自分たちのできる範囲で尽力したことを知り、もし自分もその場にいたらそうありたいと思った。その一方で、還暦を超えていくつかの持病を抱える身としては、いつ自分が登山中にばったり倒れても不思議ではないなと考えさせられた事例であった。

　西穂高岳の独標における滑落事故は〝もらい事故〟であるが、重傷を負いながらも一命を取り留めたのは不幸中の幸いだった。もともと登山は技術や知識を学びながら徐々にステップアップしていくものであり、その教育的な役割を山岳部や山岳会が担っていた。しかし、未組織登山者が大半を占める今、体力や技術はさておいて、「あの山に登りたい」「あのコースを歩いてみたい」といった憧れで山を選んでしまう登山者も少なからずいるようだ。その結果、技術不足や体力不足が露呈し、このケースのように自分だけではなく他人をも巻き込んだ事故を引き起こしてしまうことになる。個人賠償責任が問われるような事故は、今後増えていくかもしれない。

最後の雷鳥沢キャンプ場での盗難事故は、いかにも現代的な出来事だと感じた。私が登山を始めた40年以上前も、海外の有名ブランドの登山用具は垂涎《すいぜん》の的であった。当時と比べると今は登山用具の細分化が進み、機能やデザインも大きく進化し、またブランド数も飛躍的に増えた。登山・キャンプ用具のマニアやコレクターにとっては、お金がいくらあっても足りないような状況だろう。ただ、この事件の犯人は、用具を収集していたわけではなく、盗んだものを自分で実際に使っていたという。それがどんなに高価な有名ブランドのテントであっても、なんの後ろめたさも感じずに盗品を平気で使える神経が私には理解できない。山小屋でも登山靴などの盗難事件が発生していると聞くが、山でそんな心配をしなければならない日が来るとは思ってもいなかった。

さて、本書に収めた事例は、実際に当事者に会って取材できたものと、事故報告書などの資料から書き起こしたもののどちらかに大別できる。改めて読み直してみると、取材できたものとそうではないものとの間には、情景や心理描写などの点で温度差があることは認めざるを得ない。個人情報保護法の影響により、遭難者への直接的な取材はますます難しくなっていることを今回は改めて感じた。できればあと2つぐらい検証したかった事例があるのだが、自分自身の力不足もあり叶わなかった。引き続き取材の道を探って、いずれ検証できればと考えている。

　また、取材に応じていただいた方々には、心より感謝申し上げます。皆さんに例外なく共通していたのは、「自分たちの体験を伝えることが同様の遭難事故防止に役立つのなら」という思いであった。だから山の怖さだけがクローズアップされてしまうのは、決して彼らの本意ではない。彼らはみんな山と山登りが好きで、それぞれの体験を経てなお今も山に登り続けている。そしておそらく、ひとりでも多くの人に山の素晴らしさを知ってもらいたいと願っている。「はじめに」でも触れたように、その思いを汲んでいただければ幸いである。

　最後になったが、最初に声を掛けていただき、いっしょに企画を練り上げ、書き上げた原稿に対してとても丁寧で適切なアドバイスをいただいた幻冬舎の前田香織さんに、厚くお礼申し上げます。

２０２２年３月７日

羽根田　治

登山用語集

【あ】

アイゼン　金属製の爪が付いた登山用具。氷雪上でのスリップを防止するために登山靴に装着して使用する。

アルペンスキー　ビンディングで踵を固定する、滑走に特化したスタイルのスキー。

岩棚（いわだな）　棚のような平らな岩場。

堰堤（えんてい）　河川、渓谷の水流、あるいは土砂をせきとめるために、石、コンクリートなどで築いた堤防。

【か】

確保（かくほ）　ザイルなどを用いて転落や滑落を防ぎ、自分や仲間の体の安全を保つこと。岩場に打ち込まれたハーケンやボルト、あるいは立木などの自然物に支点をとり、ロープやスリングなどを使って操作する。雪山の場合は雪に打ち込んだピッケルで支点をとることもある。

釜（かま）　渓谷の滝壺。

岩稜（がんりょう）　岩の尾根。

急登（きゅうとう）　標高差のある急斜面の登り。

クラシックルート　代表的な登山ルートで、岩場の開拓時代に初登攀されたルートが多い。古くから滑られているスキーツアーのルートを指すこともある。

クラスト　積雪の表層が硬くなっている状態。

グランドシート　テントと地面の間に敷くシート。テント底面の傷や濡れを防ぐのに役立つ。

渓相（けいそう）　渓流の流速や水深、景色などの様相。

ケルン　山頂や登山道、分岐点などを表す道標として、石を円錐形（ピラミッド形）に積んだもの。

源頭（げんとう）　川や沢のみなもと。

行動食（こうどうしょく）　行動中の栄養補給のために摂取する携帯食料。チョコレートやおにぎり、パン、ゼリー飲料など。

コースタイム　平均的な登山者のペースで歩いた場合にかかる所要時間。

コッヘル　屋外で使用する携帯用の鍋。

ゴルジュ　渓谷の岩壁が迫って狭くなっているところ。廊下。

コンティニュアス　2人以上がロープで繋ぎ合いながら同時に行動する登山技術。

【さ】

サバイバルシート　薄手の保温素材で作られた防寒用シート。レスキューシート、エマージェンシーシートとも。

沢登り（さわのぼり）　沢を遡行していく登山。

沢ヤ（さわや）　沢登り愛好者。

山行（さんこう）　登山、山歩き、山遊び。

三点支持（さんてんしじ）　岩場などの険しい場所で、手足4本のうち3本で体を支え、1本だけを動かして登り下りする技術。

縦走（じゅうそう）　稜線をたどって、いくつかの山頂を連続して踏んでいくこと。

シュラフ　寝袋。

峻峰（しゅんぽう）　高く険しい峰。

スリング　クライミングなどに用いるナイロン製やダイニーマ（ポリエチレン繊維）製の輪状のロープ。

雪渓（せっけい）　谷や沢に積もった雪が、夏になっても解けずに残っているところ。

杣道（そまみち）　杣人（そまびと。きこり）しか通らないような、細くて険しい山道。

【た】

高巻き（たかまき）　直接登るのが難しい滝や岩場などが現れたときに、左右どちらかの斜面を迂回して進むこと。

単独行（たんどくこう）　ひとりで登山すること。

ツエルト　軽量コンパクトな簡易テント。遭難時や雨風が強いときに体温低下を防ぐ。

出合（であい）　川や沢などの合流するところ。

デポ　長期におよぶ冬山登山に備えて、シーズンが始まる前に食料や燃料などをあらかじめ冬季小屋などに担ぎ上げて保管しておくこと。あるいはザックなどの装備を一時置いておくこと。

テレマークスキー　19世紀後半にノルウェーのテレマルク地方を中心に発展したスタイル。スキーを前後にずらし、内足の膝を深く折り曲げた独特の姿勢でターンするのが特徴。

登攀（とうはん）　山の険しい岩壁などをよじ登ること。

渡渉（としょう）　水流の中を歩いて対岸へ渡ること。

トラック　先行者の滑走跡。

トラバース　岩壁や山の斜面をほぼ水平に移動すること。ピークに登らずに山腹を横切ること。

トレース　先行者の踏み跡。

【な】

流れ止め（ながれどめ）　ビンディングとブーツを繋ぐコード。行動中にビンディングが外れてしまったときにスキー板やボードが流れ落ちていくのを防ぐために用いる。

乗越（のっこし）　峠。越（こえ、こし）とも。

【は】

ハードシェル　雪山登山や山スキーに対応できるように作られた、防水素材でできたアウター（いちばん外側に着る）ウェア。

ハーネス　クライミングで安全を確保するために体に装着するベルト状のもの。

ハイドレーション　歩きながら水分補給ができる吸引チューブ付きの水筒。

バックカントリー　スキー場のゲレンデではない自然のままの山岳地。また、そこを滑降するスキーやスノーボードのスタイル。

ビーコン　雪崩ビーコン。雪崩に巻き込まれて埋没してしまった際に、電波によって埋没位置を特定するアイテム。

ピッケル　雪山登山で使用するつるはし状の道具。

ビバーク　露営すること。とくに、悪天候や病人の発生、コースの困難さなどから不時の露営をすること。

ヒュッテ　山小屋。

ビンディング　スキー板やスノーボードとブーツを接続する器具。

淵（ふち）　水が澱んで深くなっているところ。

フライシート　テントの外側に被せる雨除けのためのシート。ドーム形のテントは二重構造で、居住空間となるインナーテントの外側にフライシートを被せるのが一般的。

ペグ　テントなどを地面に固定するために打ち込む杭。

へつり　水流のすぐ上の岩壁にへばりつくようにして横移動で進むこと。

【ま】

マルチツール　ナイフやドライバー、プライヤーなどさまざまな機能を備えたコンパクトなアウトドア用ツール。アーミーナイフ、十徳ナイフとも。

【や】

山ヤ（やまや）　登山愛好者。

【ら】

廊下（ろうか）　渓谷の岩壁が迫って狭くなっているところ。ゴルジュ。

参考文献

「山と溪谷」2014年9月号「事例から読み解く気象遭難」(山と溪谷社)
「蜂刺され災害を防ごう」(厚生労働省鳥取労働局)　https://jsite.mhlw.go.jp/tottori-roudoukyoku/content/contents/2_hachi.pdf
『奥秩父・滝川本流古礼沢「沢登り教室」遭難事故調査報告書』(東京都勤労者山岳連盟 奥秩父・滝川本流古礼沢遭難事故調査委員会)
「山と溪谷」2011年4月号「東京労山「沢登り教室」奥秩父ブドウ沢出合滑落事故は、なぜ起きたのか。」

＊I章「小梨平キャンプ場クマ人身被害」は「山と溪谷」2020年11月号(山と溪谷社)に掲載の「クマによる人身被害」に加筆したものです。同「ハチ毒のアナフィラキシー被害」は『人を襲うハチ』(小川原辰雄著、山と溪谷社)に寄せた「沢登り開始前にハチの大群に襲われ死亡」および「岳人」2015年8月号(ネイチュアエンタープライズ)に掲載の「遭難事例から学ぶ知恵と教訓」に加筆したものです。

著者略歴

羽根田《はねだ》 治《おさむ》

一九六一年、埼玉県生まれ。

フリーライター、長野県山岳遭難防止アドバイザー、日本山岳会会員。

山岳遭難や登山技術にまつわる取材を重ね、その成果を雑誌「山と溪谷」「岳人」や書籍で発表する一方、沖縄、自然、人物をテーマに執筆活動を続ける。

『人を襲うクマ』『野外毒本』『ドキュメント 生還』（いずれもヤマケイ文庫）、『十大事故から読み解く 山岳遭難の傷痕』（山と溪谷社）など著書多数。

小学生のときから登山を始め、現在はピークハントやハイキング、テレマークスキーを楽しんでいる。

幻冬舎新書 655

山はおそろしい

必ず生きて帰る！ 事故から学ぶ山岳遭難

二〇二二年五月二十五日 第一刷発行
二〇二三年一月二十日 第三刷発行

著者 羽根田治
発行人 志儀保博
編集人 小木田順子
編集者 前田香織
発行所 株式会社 幻冬舎
〒一五一―〇〇五一 東京都渋谷区千駄ヶ谷四―九―七
電話 〇三―五四一一―六二一一(編集)
〇三―五四一一―六二二二(営業)
公式HP https://www.gentosha.co.jp/
ブックデザイン 鈴木成一デザイン室
印刷・製本所 中央精版印刷株式会社

Printed in Japan ISBN978-4-344-98657-2 C0295
は-20-1

＊この本に関するご意見・ご感想は、左記アンケートフォームからお寄せください。
https://www.gentosha.co.jp/e/

幻冬舎新書

佐藤大介
ルポ 死刑
法務省がひた隠す極刑のリアル

密行主義に貫かれる日本の死刑制度。嫌がる囚人をどうやって刑場に連行する？　執行後の体を抱いて揺れを止める刑務官の思いとは？　死刑囚、教誨師、元法相らの肉声で死刑制度の全貌に迫る。

国立国語研究所編
日本語の大疑問
眠れなくなるほど面白いことばの世界

漢字はいつから日本にあるのか？　シミュレーションを「シュミレーション」とつい言ってしまうのはなぜ？ことばの専門家集団が国民の疑問に全力回答！　日本語の教養をアップデートする一冊。

古野まほろ
事件でなければ動けません
困った警察官のトリセツ

警察はなぜすぐ助けてくれないのか？　元警察官が、被害者の訴えを無視し続けて悲劇を招いた桶川事件や最近の太宰府事件を検証しながら、その実情を分析。自分を守るための方法をレクチャーする。

清水忍
ロジカル筋トレ
超合理的に体を変える

なぜここを鍛えるのか、なぜこのフォームか。あなたは目的に合致したフォームや回数を論理的《ロジカル》に考えてトレーニングしているか。わかりやすいイラストと解説が筋トレ効果を最大限にアップする！